イラスト学問図鑑

KODOMO PHILOSOPHY

こども哲学

監修

佐藤邦政
（茨城大学）

JN047093

KODANSHA

はじめに

佐《さ》藤《とう》邦《くに》政《まさ》

みなさんは今《いま》この本《ほん》を手《て》にとって読《よ》んでいますが、この本《ほん》を手《て》にとらなかった世界《せかい》（可能性《かのうせい》）もどこかにあったのでしょうか？　みなさんがこの本《ほん》を読《よ》んでいるというのは本当《ほんとう》なのでしょうか？　これは夢《ゆめ》ではないのでしょうか？　みなさんの中《なか》には、まだ将来《しょうらい》の夢《ゆめ》や目標《もくひょう》に悩《なや》んでいる人《ひと》がいるかもしれませんが、将来《しょうらい》の夢《ゆめ》や目標《もくひょう》は明確《めいかく》に決《き》まっているほうがよいのでしょうか？　人生《じんせい》はいつでも自分《じぶん》で決《き》めることはできるのでしょうか？　みなさんが兄弟姉妹《きょうだいしまい》や友達《ともだち》とけんかをしたり、大人《おとな》が色々《いろいろ》な国《くに》や地域《ちいき》で戦争《せんそう》したりするとき、どうやって解決《かいけつ》するのが一番《いちばん》よいのでしょうか？　みんなを幸《しあわ》せにする解決方《かいけつほう》法《ほう》はあるのでしょうか？　そもそも幸《しあわ》せとは何《なん》でしょうか？

この本《ほん》は、さまざまな問《と》いについて哲学者《てつがくしゃ》たちと一緒《いっしょ》に考《かんが》えようとみなさんを招待《しょうたい》するものです。中《なか》には、すでに考《かんが》えたことのある問《と》いもあるでしょう。そのときみなさんは哲学《てつがく》を始《はじ》めていたのです。この本《ほん》を読《よ》むと、あなたの問《と》いは、考《かんが》え続《つづ》ける

価値《かち》のあるものだということがわかるはずです。

「哲学《てつがく》は気《き》になっていたけど初《はじ》めて」という人《ひと》は何《なん》ページかめくって読《よ》んでみてください。きっとみなさんが面白《おもしろ》そうと思《おも》える問《と》いや考《かんが》えに出会《であ》うことができるはずです。もしかすると、哲学者《てつがくしゃ》の出《だ》した問《と》いや考《かんが》えがみなさんの悩《なや》みを解決《かいけつ》するのに少《すこ》し役立《やくだ》ってくれるかもしれません。この本《ほん》では、多《おお》くの人《ひと》にそういった出会《であ》いの経験《けいけん》をしてもらえるように、さまざまな哲学者《てつがくしゃ》にいろいろなテーマについて語《かた》ってもらっています。男性《だんせい》の哲学者《てつがくしゃ》も女性《じょせい》の哲学者《てつがくしゃ》もいます。アメリカやイギリス、ヨーロッパの国々《くにぐに》の哲学者《てつがくしゃ》だけではなく、中国《ちゅうごく》や日本《にほん》といったアジアの哲学者《てつがくしゃ》も登場《とうじょう》します。哲学《てつがく》は、性別《せいべつ》や年齢《ねんれい》、住《す》んでいる国《くに》や地域《ちいき》に関係《かんけい》なく、知《ち》を愛《あい》する人《ひと》に誰《だれ》にでも開《ひら》かれています。

哲学《てつがく》は誰《だれ》にでも開《ひら》かれていますが、この本《ほん》を手《て》にとったことはほんの偶然《ぐうぜん》です。みなさんには、この偶然《ぐうぜん》の機会《きかい》に、ぜひ哲学者《てつがくしゃ》たちの多様《たよう》でユニークな声《こえ》を聴《き》いてみてほしいと思《おも》います。きっとあなたと響《ひび》きあう声《こえ》が見《み》つかるはず。さあ、哲学《てつがく》という扉《とびら》を開《あ》けましょう。

もくじ

第2章 哲学

自分《じぶん》らしい生《い》き方《かた》を考《かんが》える

第3章 哲学

自分《じぶん》の見方《みかた》や考《かんが》え方《かた》を変《か》える

第4章 私《わたし》たちの社会《しゃかい》を考《かんが》える哲学

第5章《しょう》 新《あたら》しい時代《じだい》を生《い》きるための哲学

哲学って何？

——佐藤邦政

哲学《てつがく》とは何《なん》でしょうか。ここでは2つほど紹介《しょうかい》しましょう。

1つ目《め》は、哲学《てつがく》とは自分《じぶん》や相手《あいて》の考《かんが》えを吟味《ぎんみ》することだという考《かんが》え方《かた》です。みなさんは美味《おい》しい料理《りょうり》を作《つく》ろうとするとき、材料《ざいりょう》や調味料《ちょうみりょう》、火加減《ひかげん》などについて考《かんが》えます。これは料理《りょうり》について「吟味《ぎんみ》している」のです。哲学《てつがく》の場合《ばあい》も同《おな》じです。あなたは真実《しんじつ》を知《し》ろうとして、この考《かんが》えが正《ただ》しい理由《りゆう》は何《なん》だろう、どんな言葉《ことば》で伝《つた》えればよいだろう、もっといいアイデアはないだろうかと考《かんが》えます。考《かんが》えを細《こま》かく吟味《ぎんみ》することが哲学《てつがく》なのです。

2つ目《め》は、哲学《てつがく》とは私《わたし》たちを自由《じゆう》にすることだという考《かんが》え方《かた》です。もう一度《いちど》、料理《りょうり》と比較《ひかく》してみましょう。料理《りょうり》に慣《な》れてくると、みなさんは自分《じぶん》なりの工夫《くふう》を凝《こ》らして料理《りょうり》をするようになります。哲学《てつがく》も同《おな》じです。同《おな》じテーマについて考《かんが》え続《つづ》けていくと、今《いま》までとは異《こと》なる、自分《じぶん》なりの見方《みかた》ができるようになります。このように、哲学《てつがく》はそれまでの凝《こ》り固《かた》まった考《かんが》えをほぐし、新《あら》たな見方《みかた》へと自分自身《じぶんじしん》を解放《かいほう》することなのです。

　では、この本《ほん》を使《つか》って哲学《てつがく》するにはどうしたらよいでしょうか。まず、それぞれのテーマを読《よ》みながら、あなたの頭《あたま》に浮《う》かんでくる問《と》いをメモするとよいでしょう。この本《ほん》の余白《よはく》でもよいです。そうやって問《と》い散《ち》らかしてみるのです。次《つぎ》に、あなたの問《と》いや考《かんが》えについて家族《かぞく》、親《しん》せき、先生《せんせい》などにお話《はな》ししてみてください。その人《ひと》が「それってどういうこと？」「こういう場合《ばあい》はどうなるの？」といった問《と》いを返《かえ》してくれたら、（心《こころ》の中《なか》で）飛《と》び跳《は》ねて喜《よろこ》んでください。それは「あなたと一緒《いっしょ》に哲学《てつがく》したい」という愛《あい》のメッセージ、つまり、知《ち》を愛《あい》する（フィロソフィア）声《こえ》だからです。そのときは、ぜひその人《ひと》たちの愛《あい》を受《う》けとめて、問《と》いにいろいろな仕方《しかた》で応答《おうとう》してみてください。そうするうちに、あなたの考《かんが》えがさらに深《ふか》まるはずです。

　でも、もしそんな人《ひと》たちが近《ちか》くにいなかったら？　そのときは、過去《かこ》の哲学者《てつがくしゃ》にガイドしてもらいながら、あなたの問《と》いや考《かんが》えを書き残《のこ》しておきましょう。哲学《てつがく》は時代《じだい》を超《こ》えるものです。１０年後《ねんご》、１００年後《ねんご》の誰《だれ》かが、あなたの声《こえ》に共鳴《きょうめい》してくれるのに備《そな》えて、自分《じぶん》の問《と》いや考《かんが》えを吟味《ぎんみ》しておくのです。

この本《ほん》のキャラクター

いま
わたしは
夢の中に
いる
夢から
さめたら
何になる？

ロマンチシスト
カラフトフクロウ

Romantic
Great Gray Owl

世界《せかい》の根本《こんぽん》を考《かんが》える 哲学《てつがく》

第《だい》1章《しょう》

世界《せかい》は常《つね》に変《か》わる？

永遠《えいえん》の火《ひ》が
世界《せかい》を
絶《た》えず
変《か》えている。

世界は絶えず変化している

花のつぼみを想像《そうぞう》しましょう。つぼみは一見《いっけん》、動《うご》いていないように見《み》えます。しかし、実際《じっさい》には少《すこ》しずつふくらんでいて、しばらくすると花《はな》が咲《さ》きます。咲《さ》いた後《あと》も変化《へんか》が続《つづ》きます。私《わたし》たちはその美《うつく》しさに気《き》をとられてしまいますが、花《はな》はそのあいだも私《わたし》たちに気《き》づかせないくらいゆっくりとしおれていきます。その花《はな》を咲《さ》かせる木《き》や枝葉《えだは》も止《と》まっているように見《み》えて、絶《た》えず変化《へんか》をし続《つづ》けているのです。

ギリシャの哲学者《てつがくしゃ》ヘラクレイトスは、私《わたし》たち人間《にんげん》を含《ふく》め、**あらゆるもの（万物《ばんぶつ》）は常《つね》に変化《へんか》し続《つづ》けている**と考《かんが》え、「誰《だれ》も同《おな》じ川《かわ》に二度《ど》足《あし》を入《い》れることはできない」と説《と》きました。川《かわ》そのものはあり続《つづ》けたとしても、流《なが》れてくる水《みず》は変化《へんか》しているという考《かんが》え方《かた》です。

さらにヘラクレイトスは、世界《せかい》をつくり出《だ》しているのは**永遠の火**だと考《かんが》えました。火《ひ》は、ゆらめきながら常《つね》に変化《へんか》していきます。ヘラクレイトスは、火《ひ》は空気《くうき》や水《みず》、土《つち》と対立《たいりつ》しながらも調和《ちょうわ》することで、私《わたし》たちが生《い》きるこの世界《せかい》の秩序《ちつじょ》を保《たも》っていると言《い》いました。ヘラクレイトスが説《と》いたこの考《かんが》えは、のちに「**万物は流転する**」という言葉《ことば》として広《ひろ》まりました。

語 **万物《ばんぶつ》は流転《るてん》する**
人 **ヘラクレイトス**

ヘラクレイトスは、「永遠《えいえん》の火《ひ》」を世界《せかい》に秩序《ちつじょ》を生《う》み出《だ》すことわり（ロゴス）として働《はたら》くものだとも考《かんが》えたんだって。

確実《かくじつ》にわかることとは？

いまみてる
せかいは
ホンモノって
いえる？

今《いま》まさに考《かんが》えているこの「私《わたし》」が存在《そんざい》することは確実《かくじつ》だ！

すべてが夢《ゆめ》だとしたら？

「自分《ぶん》のまわりのものは、自分《じぶん》がいないときにもあるのだろうか？」「今見《いまみ》ているものは、すべて夢《ゆめ》かもしれない」などと考《かんが》えたことはありませんか？

フランスの哲学者《てつがくしゃ》デカルトは、「この世《よ》は存在《そんざい》しないのかもしれない」と**あらゆるものを疑《うたが》うことで、この世界《せかい》にそれ以上《いじょう》疑《うたが》うことができないものがあるかどうかを調《しら》べました。**そして、たどり着《つ》いた結論《けつろん》が「我思《われおも》う、ゆえに我《われ》あり（コギト・エルゴ・スム）」という言葉《ことば》です。

たとえば、あなたが読《よ》んでいるこの本《ほん》は、実《じつ》は存在《そんざい》しないのかもしれません。というのも、あなたは本《ほん》を読《よ》んでいる夢《ゆめ》を見《み》ているかもしれないからです。あなたが今座《いますわ》っているイスも、本当《ほんとう》はないかもしれません。そして、読書《どくしょ》の楽《たの》しい気持《きも》ちも、本当《ほんとう》はそう感《かん》じさせられているだけなのかもしれません。

しかし、今《いま》、本《ほん》やイス、自分《じぶん》の気持《きも》ちの存在《そんざい》を**考《かんが》え、疑《うたが》っているあなたがいるという事実《じじつ》を疑《うたが》うことはできません。**デカルトは、真理《しんり》を知《し》るためには、どれほど確実《かくじつ》に思《おも》われようとも、その思《おも》いを一度《いちど》「本当《ほんとう》だろうか」と疑《うたが》い、自分《じぶん》で理由《りゆう》を考《かんが》えなおして確実《かくじつ》なことを見《み》つけることが重要《じゅうよう》だと考《かんが》えました。

語 **我思《われおも》う、ゆえに我《われ》あり**

人 **ルネ・デカルト**

哲学《てつがく》では、「この世界《せかい》にあるものごとを確実《かくじつ》に知《し》っていると言《い》うことは不可能《ふかのう》」と考《かんが》える人《ひと》もいるんだって。

経《けい》験《けん》から真《しん》実《じつ》を知《し》るには？

いままではそうだったけど

経《けい》験《けん》をいくつ積《つ》み上《あ》げても「絶《ぜっ》対《たい》そうだ」と言《い》うことは難《むずか》しい。

次《つぎ》にくるのも必《かなら》ず黒《くろ》いカラスとはいえない

帰納法で考えると

「カラスは何色《なにいろ》ですか？」と聞《き》かれたら何《なん》と答《こた》えますか？
多《おお》くの人《ひと》は黒《くろ》と答《こた》えるでしょう。では、「すべてのカラスは黒《くろ》い」と言《い》うことはできるでしょうか？　答《こた》えは「できない」です。

外《そと》に出《で》れば、カラスはすぐに見《み》つかります。私《わたし》たちが、出会《であ》う一羽一羽《いちわいちわ》のカラスはきっと黒《くろ》いカラスでしょう。このように**これまでの経験《けいけん》を積《つ》み重《かさ》ねて、一般的《いっぱんてき》な真実《しんじつ》や結論《けつろん》を導《みちび》く考《かんが》え方《かた》を帰納法と言《い》います。**帰納法《きのうほう》は科学《かがく》の実験《じっけん》などで使《つか》われる考《かんが》え方《かた》です。科学《かがく》はたくさんのデータを集《あつ》めて、一般的《いっぱんてき》な法則《ほうそく》を見《み》つけ出《だ》そうとします。

ここでこんなふうに問《と》うてみましょう。あなたがこれまで見《み》たカラスがすべて黒《くろ》かったからといって、本当《ほんとう》に白《しろ》いカラスはいないのでしょうか？　あなたが見《み》たことがないだけかもしれませんし、明日《あした》、白《しろ》いカラスが生《う》まれるかもしれません。実《じつ》は、帰《き》納法《のうほう》で導《みちび》いた結論《けつろん》はいつでも反論《はんろん》される可能性《かのうせい》が残《のこ》っています。

このように、私《わたし》たちが自分《じぶん》の経験《けいけん》から真実《しんじつ》だと思《おも》っていることのほとんどは、完全《かんぜん》に証明《しょうめい》することが難《むずか》しいのです。私《わたし》たちは「真実《しんじつ》のようだ」「確《たし》からしい」と思《おも》っているにすぎないのです。

語 **帰納法《きのうほう》**

白《しろ》いカラスは数万羽《すうまんば》に１羽《わ》生《う》まれることがあるんだって。

「私《わたし》」って何《なに》？

私《わたし》が私《わたし》であることを証明《しょうめい》する必要《ひつよう》なんてない。

なぜ私は私なの？

昨日のあなたと今日《きょう》のあなたはなぜ同《おな》じと言《い》えるのでしょうか？　たとえば、昨日《きのう》と今日《きょう》で同《おな》じ〝体《からだ》〟を持《も》っているから「同《おな》じ私《わたし》」なのでしょうか。あるいは、昨日《きのう》と今日《きょう》で同《おな》じ〝記憶《きおく》や思考《しこう》〟を持《も》っているから「同《おな》じ私《わたし》」なのでしょうか。

しかし、人間《にんげん》の〝体《からだ》〟を作《つく》っている物質《ぶっしつ》は、数年《すうねん》ですべて入《い》れ替《か》わると言《い》われています。また、今日《きょう》の自分《じぶん》と50年後《ねんご》の自分《じぶん》の〝記憶《きおく》や思考《しこう》〟は、まったく違《ちが》うはずですし、昔《むかし》のことは完全《かんぜん》に忘《わす》れているかもしれません。

そう考《かんが》えると、今日《きょう》の私《わたし》と同《おな》じはずの未来《みらい》の私《わたし》は、まったくの別人《べつじん》のように思《おも》えてきます。とはいえ、50年後《ねんご》の私《わたし》は、今日《きょう》の私《わたし》が生《い》き続《つづ》けることで存在《そんざい》するのです。このように考《かんが》えると、**自分《じぶん》という人間《にんげん》の〝体《からだ》〟や〝記憶《きおく》や思考《しこう》〟がいつでも同一《どういつ》であることよりも、一人《ひとり》の人間《にんげん》としての心《こころ》が連続《れんぞく》していることのほうが重要《じゅうよう》だ**と考《かんが》えることもできます。

人格の同一性について考《かんが》え続《つづ》けたイギリスの哲学者《てつがくしゃ》パーフィットは、人格《じんかく》を考《かんが》えるうえで重要《じゅうよう》なのは自分《じぶん》の心《こころ》が連続《れんぞく》してつながっていることであると考《かんが》え、自分《じぶん》がいつも同《おな》じ私《わたし》であることに特別《とくべつ》な意味《いみ》はないという結論《けつろん》にいたりました。

語　人格《じんかく》の同一性《どういつせい》

人　デレク・パーフィット

パーフィットは、「二人《ふたり》の人間《にんげん》の脳《のう》を半分《はんぶん》ずつ移植《いしょく》した場合《ばあい》、どちらに〝私《わたし》〟が宿《やど》るのか」という思考実験《しこうじっけん》を行《おこな》って、この結論《けつろん》にたどりついたんだって。

世《せ》界《かい》は1つ？

このせかいに
わたしは
わたし
だけ

今《いま》の世界《せかい》は他《ほか》にもありえたたくさんの世界《せかい》から偶然《ぐうぜん》生《う》まれたもの。

席替《せきが》え
18
21
25
6

可能性の数だけ世界がある！

席替《が》えで、あなたは恋心《こいごころ》を寄《よ》せるタナカさんの隣《となり》になりたいと思《おも》っているとしましょう。しかし、くじ引《び》きで、仲《なか》の悪《わる》いサトウさんの隣《となり》になりました。あなたは「もっと奥《おく》のくじを引《ひ》いていれば」「あっちのくじにしていれば」とあれこれ考《かんが》えるでしょう。あなたには確《たし》かにタナカさんの隣《となり》になれる可能《かのう》性《せい》もあったのです。

　こうした可能《かのう》だったはずの世界《せかい》を**可能世界**と呼《よ》びます。**可能《かのう》世界《せかい》は可能性《かのうせい》の数《かず》だけ無数《むすう》に存在《そんざい》します。**迷《まよ》って選《えら》ばなかったほうのくじを引《ひ》く可能世界《かのうせかい》、サトウさんに恋《こい》をする可能世界《かのうせかい》、あなたが日本《にほん》に生《う》まれなかった可能世界《かのうせかい》……。**私《わたし》たちはたくさんのありえた可能世界《かのうせかい》の中《なか》から、偶然《ぐうぜん》、今《いま》のこの現実世界《げんじつせかい》を生《い》きている**のです。

　ところで、可能世界《かのうせかい》は存在《そんざい》したかもしれない〝もしもの話《はなし》〟にすぎないのでしょうか？　哲学者《てつがくしゃ》の中《なか》には、私《わたし》たちが生《い》きる現《げん》実世界《じっせかい》と同《おな》じように、可能世界《かのうせかい》も実際《じっさい》に存在《そんざい》していると考《かんが》える人《ひと》がいます。アメリカの哲学者《てつがくしゃ》ルイスは、可能性《かのうせい》が生《しょう》じたときに私《わたし》たちが生《い》きる世界《せかい》だけでなく、他《ほか》の可能世界《かのうせかい》も同《おな》じように存在《そんざい》するようになるという**多元宇宙論**を考《かんが》えました。

語 **可能世界《かのうせかい》**　人 **デイヴィッド・ルイス**

どこかの世界《せかい》では、失敗《しっぱい》なく生《い》きている自分《じぶん》がいるのかな〜。

別《べつ》にくやしくないし

第《だい》2章《しょう》

自《じ》分《ぶん》らしい生《い》き方《かた》を考《かんが》える哲《てつ》学《がく》

“ほどよい”ってどういうこと？

極端《きょくたん》に傾《かたむ》くよりも中間《ちゅうかん》がいい。

自分《じぶん》にとっての中間《ちゅうかん》を探《さが》そう

古代《こだい》ギリシャの哲学者《てつがくしゃ》アリストテレスは、よく生《い》きるためには**中庸《ちゅうよう》**を選《えら》ぶ習慣《しゅうかん》を心《こころ》がけるべきだと説《と》きました。**中庸《ちゅうよう》とは、過大《かだい》（やりすぎ）と過小《かしょう》（控《ひか》えすぎ）の中間《ちゅうかん》**の状態《じょうたい》です。

たとえば、絶対《ぜったい》にできないことをやろうとするのは「無謀《むぼう》」ですが、ものごとを避《さ》けてばかりで挑戦《ちょうせん》しようとしないのは「臆病《おくびょう》」です。この無謀《むぼう》と臆病《おくびょう》の中間《ちゅうかん》は、自分《じぶん》にできるかもしれないことに挑戦《ちょうせん》する「勇気《ゆうき》」です。また、いつも「オレはすごい！」と自慢話《じまんばなし》ばかりしている人《ひと》は「傲慢《ごうまん》」ですが、かといって「どうせ私《わたし》なんて……」といつもウジウジしている人《ひと》は「卑屈《ひくつ》」です。この傲慢《ごうまん》と卑屈《ひくつ》の中間《ちゅうかん》は、「やるときはやる」「やればできる」と自分《じぶん》に言《い》い聞《き》かせて信《しん》じる心《こころ》、つまり、ほどよい「プライド」や「自尊心《じそんしん》」を持《も》つことでしょう。

自分《じぶん》の考《かんが》え方《かた》や行動《こうどう》に迷《まよ》ったときには、深呼吸《しんこきゅう》をして冷静《れいせい》になって、「過大《かだい》や過小《かしょう》になっていないか？」と考《かんが》え、今《いま》の自分《じぶん》にとっての中庸《ちゅうよう》を探《さが》してみましょう。そうすれば、これから先《さき》のことを見通《みとお》したうえで、現状《げんじょう》に適《てき》した考《かんが》え方《かた》や行動《こうどう》の仕方《しかた》が見《み》えてくるはずです。最終的《さいしゅうてき》には、中庸《ちゅうよう》を習慣的《しゅうかんてき》に見《み》つけられるようになりましょう。

語 **中庸《ちゅうよう》**　人 **アリストテレス**

アリストテレスは、哲学《てつがく》だけじゃなくて、生物学《せいぶつがく》や医学《いがく》などの科学《かがく》も切《き》りひらいた「万《ばん》学《がく》の祖《そ》」と呼《よ》ばれているんだって。

感情《かんじょう》に流《なが》されないほうが幸《しあわ》せ？

世《よ》の中《なか》のできごとにいちいち一《いっ》喜《き》一《いち》憂《ゆう》しないほうが幸《しあわ》せ。

一時《いっとき》の感情《かんじょう》に流《なが》されない

とりのように
ふかんでみてみて

みなさんは、「感情豊《かんじょうゆた》かな生活《せいかつ》」と、「感情《かんじょう》がない生活《せいかつ》」のどちらが幸《しあわ》せだと思《おも》いますか？

古代《こだい》ギリシャの**ストア派《は》**と呼《よ》ばれる人《ひと》たちは、**できごとはすべて自然《しぜん》の摂理《せつり》で生《う》まれたものでしかないとして、喜怒哀楽《きどあいらく》といった感情《かんじょう》にとらわれずに生《い》きる**ことを理想《りそう》としました。つまり、感情《かんじょう》に振《ふ》り回《まわ》されない生活《せいかつ》がもっともよいと説《と》いたのです。この感情《かんじょう》に左右《さゆう》されない状態《じょうたい》を**アパテイア**と言《い》います。

感情豊《かんじょうゆた》かな生活《せいかつ》は、「うれしい」「楽《たの》しい」といったポジティブな感情《かんじょう》をもたらす一方《いっぽう》で、「悲《かな》しい」「憎《にく》い」「許《ゆる》せない」などのネガティブな感情《かんじょう》や欲望《よくぼう》ももたらします。ネガティブな感情《かんじょう》にとらわれると、心《こころ》がかき乱《みだ》されて落《お》ち着《つ》かなくなることは想像《そうぞう》しやすいでしょう。つまり、アパテイアとは心《こころ》がネガティブな感情《かんじょう》や欲望《よくぼう》から解《と》き放《はな》たれた状態《じょうたい》とも言《い》えます。

いきなり、感情《かんじょう》や欲望《よくぼう》をコントロールするのは難《むずか》しいかもしれません。しかし、悲《かな》しいときや辛《つら》いことがあったときには「なるようになる！」と考《かんが》え、そのできごとを静《しず》かに受《う》け入《い》れてみるのもよいでしょう。心《こころ》が安《やす》らいでくることもあるかもしれません。

語 アパテイア　**人** ストア派《は》

「ストイック」という言葉《ことば》は、自分《じぶん》の感情《かんじょう》に流《なが》されない生活《せいかつ》を説《と》いたストア派《は》からできた言葉《ことば》なんだって。

愛《あい》って何《なに》？

愛《あい》とは見返《みかえ》りを求《もと》めずに相手《あいて》を想《おも》い相手《あいて》に尽《つ》くすこと。

見《み》返《かえ》りを求《もと》めない愛《あい》

西《せい》洋《よう》の哲学《てつがく》には、愛《あい》を表《あらわ》す言葉《ことば》がいくつかあります。有名《ゆうめい》なものが、理想《りそう》への憧《あこが》れと欲求《よっきゅう》を意味《いみ》する**エロス**、人《ひと》がお互《たが》いの幸福《こうふく》を願《ねが》いあう愛《あい》を意味《いみ》する**フィリア**、そして、無償《むしょう》の愛《あい》を意味《いみ》する**アガペー**です。無償《むしょう》とは報酬《ほうしゅう》やお礼《れい》を求《もと》めないことです。つまり、**アガペーとは、相手《あいて》からの見返《みかえ》りを求《もと》めない愛《あい》であり、無条件《むじょうけん》の愛《あい》や無私《むし》の愛《あい》と言《い》えます。**

アガペーは、**「神《かみ》から人《ひと》への愛《あい》」**を指《さ》します。キリスト教《きょう》を作《つく》ったイエスの有名《ゆうめい》な言葉《ことば》に「右《みぎ》の頬《ほお》を打《う》たれたら左《ひだり》の頬《ほお》を差《さ》し出《だ》しなさい」というものがあります。これは、何《なに》があっても相手《あいて》をゆるし、自分《じぶん》を犠牲《ぎせい》にして相手《あいて》を思《おも》いやるという〝神《かみ》の愛《あい》〟です。

アガペーは〝神《かみ》の愛《あい》〟ですから、私《わたし》たち人間《にんげん》が、「今日《きょう》から誰《だれ》にでも無償《むしょう》の愛《あい》を与《あた》えよう」と行動《こうどう》するのは難《むずか》しいかもしれません。しかし、みなさんも、募金《ぼきん》やボランティア、ちょっとした親切《しんせつ》などを通《とお》して、自分《じぶん》の知《し》らない誰《だれ》かに無償《むしょう》の愛《あい》を贈《おく》ることはできるかもしれません。こうした小《ちい》さな無償《むしょう》の愛《あい》の受《う》け渡《わた》しができることをみんなが知《し》れば、争《あらそ》いの少《すく》ない、幸《しあわ》せな社会《しゃかい》が訪《おとず》れるかもしれません。

語 アガペー　人 イエス・キリスト

イエスの生涯《しょうがい》を記《しる》した『新約聖書《しんやくせいしょ》』によると、イエスは人間《にんげん》の罪《つみ》をつぐなうために自《みず》ら十字架《じゅうじか》にかけられて処刑《しょけい》されたみたい。でも、3日後《みっかご》に復活《ふっかつ》したんだって。

生《い》きるうえで大切《たいせつ》なものって？

したしきなかにも

平和《へいわ》な暮《く》らしで大切《たいせつ》なのは愛《あい》と礼儀《れいぎ》だ。

敬意《けいい》と愛情《あいじょう》

語 仁《じん》／礼《れい》
人 孔子《こうし》

人《ひと》が生《い》きるうえでもっとも大切《たいせつ》にすべきものが**仁**《じん》だと説《と》いたのが、今《いま》から約《やく》2500年前《ねんまえ》の中国《ちゅうごく》の思想家《しそうか》で、**儒教**《じゅきょう》の創始者《そうししゃ》である孔子《こうし》です。仁《じん》という言葉《ことば》には「愛情深《あいじょうぶか》い」「親切《しんせつ》な」といった意味《いみ》もありますが、孔子《こうし》の教《おし》えを記《しる》した『論語《ろんご》』という本《ほん》には**仁《じん》とは人《ひと》を愛《あい》することだ**と書《か》かれています。

いちばん基本的《きほんてき》な仁《じん》の表《あらわ》れとして、親《おや》を大切《たいせつ》に敬《うやま》うことである**孝**《こう》と、年上《としうえ》のきょうだいや年長者《ねんちょうしゃ》の話《はなし》を聞《き》くことである**悌**《てい》があります。また、孔子《こうし》は仁《じん》のある人《ひと》は自分《じぶん》の利益《りえき》になるかどうかにこだわらず、人《ひと》として大事《だいじ》な仕事《しごと》を自《みずか》ら進《すす》んで引《ひ》き受《う》けるとも言《い》いました。

孔子《こうし》が仁《じん》と同《おな》じくらい大切《たいせつ》にしたのが**礼**《れい》です。**礼《れい》は、仁《じん》を態《たい》度《ど》や行動《こうどう》として表《あらわ》したものであり、人《ひと》が従《したが》うべき社会《しゃかい》のルール**です。たとえば、学校《がっこう》に行《い》くときに友達《ともだち》と交《か》わす朝《あさ》の挨拶《あいさつ》を考《かんが》えてみましょう。ひょっとすると、初《はじ》めは挨拶《あいさつ》を義務感《ぎむかん》でしていたかもしれません。それでも、友達《ともだち》との挨拶《あいさつ》を毎日続《まいにちつづ》けることで、顔《かお》なじみになったり、打《う》ち解《と》け合《あ》ったり、相手《あいて》を敬《うやま》う心《こころ》が磨《みが》かれたりします。儒教《じゅきょう》では、礼《れい》を実践《じっせん》することを**克己復礼**《こっきふくれい》（私利私欲《しりしよく》をおさえて礼《れい》に従《したが》うこと）と言《い》います。

孔子《こうし》は、平和《へいわ》な国家《こっか》を作《つく》るための学問《がくもん》として、儒教《じゅきょう》の教《おし》えを説《と》いたんだって。

何《なに》もしないことが一番《いちばん》？

じぶんをやわらかくして、

“水《みず》”のように生《い》きるべし。

逆《さか》らわずに生《い》きる！

老《ろう》子《し》は、孔子《こうし》と同《おな》じ時代《じだい》を生《い》きたとされる中国《ちゅうごく》の思想家《しそうか》です。しかし、二人《ふたり》の教《おし》えはまったく違《ちが》っています。その違《ちが》いを象徴《しょうちょう》する老子《ろうし》の言葉《ことば》が**無為自然**《むいしぜん》です。

「無為《むい》」とは、何《なに》もしないこと。そして「自然《しぜん》」とは、ありのままであることや世界《せかい》の法則《ほうそく》に従《したが》うことです。つまり、無為自然《むいしぜん》とは、**自分《じぶん》の知識《ちしき》や欲《よく》などにとらわれず、自然《しぜん》のままに生《い》きることをよしとする**考《かんが》え方《かた》です。老子《ろうし》は、人間《にんげん》が本来《ほんらい》その一部《いちぶ》である自然《しぜん》に沿《そ》って生《い》きるべきだと説《と》いているのです。

老子《ろうし》は「**上善《じょうぜん》は水《みず》のごとし**」とも言《い》っています。これは、「もっともよいのは、水《みず》のように生《い》きることだ」という意味《いみ》。水《みず》は、あらゆる生《い》き物《もの》にとって大切《たいせつ》なものです。それでいて、高《たか》いところから低《ひく》いほうへと自然《しぜん》に流《なが》れ、器《うつわ》に従《したが》って形《かたち》を変《か》えることができ、自分《じぶん》の存在《そんざい》を主張《しゅちょう》しません。老子《ろうし》は、人間《にんげん》の生《い》き方《かた》のヒントをこうした水《みず》のあり方《かた》に学《まな》ぶことができると考《かんが》えたのです。

私《わたし》たちは、人間関係《にんげんかんけい》や細《こま》かなことに悩《なや》んでしまいがちです。しかし、水《みず》のようにありのまま、流《なが》れのままに、ものごとに逆《さか》らわずに受《う》け流《なが》して生《い》きることができれば、悩《なや》みが消《き》えていくのかもしれません。

語 **無為自然**《むいしぜん》
人 **老子**《ろうし》

老子《ろうし》についてはわかっていないことが多《おお》くて、実際《じっさい》にはいなかったとする説《せつ》もあるんだって。

議《ぎ》論《ろん》って大《だい》事《じ》？

これがせいかい？

考《かんが》えを組《く》み合《あ》わせたり

混《ま》ぜ合《あ》わせたりすると

よりよいものが生《う》まれる。

フクロウは力《ちから》強《づよ》さが足《た》りない

フクロウは知《ち》的《てき》でカッコイイ

議《ぎ》論《ろん》しながら進《しん》歩《ぽ》する

ものごとを考《かんが》えたり、議《ぎ》論《ろん》したりしていると、賛《さん》成《せい》されたり、反《はん》対《たい》されたりすることがよくあります。賛《さん》成《せい》されればいいのですが、せっかく考《かんが》えたことが否《ひ》定《てい》されると少《すこ》し悲《かな》しく感《かん》じる人《ひと》もいるかもしれません。しかし、このようなプロセスがいかに大《たい》切《せつ》かを示《しめ》した哲《てつ》学《がく》者《しゃ》がいます。

ドイツの哲《てつ》学《がく》者《しゃ》ヘーゲルは、ある考《かんが》え（**テーゼ**）と、それに反《はん》対《たい》する考《かんが》え（**アンチテーゼ**）を考《かんが》え合《あ》わせることで、よりよい考《かんが》え（**ジンテーゼ**）が生《う》まれると説《と》きました。これを**アウフヘーベン**（**止《し》揚《よう》**）と言《い》います。

ヘーゲルは、アウフヘーベンを何《なん》度《ど》も繰《く》り返《かえ》すことで、いつか人《にん》間《げん》は最《さい》高《こう》の知《ち》識《しき》である**絶《ぜっ》対《たい》知《ち》**を手《て》に入《い》れることができると考《かんが》えました。この、**絶《ぜっ》対《たい》知《ち》にいたるまで繰《く》り返《かえ》される哲《てつ》学《がく》的《てき》な思《し》考《こう》のことを弁《べん》証《しょう》法《ほう》と言《い》います。**

ヘーゲルは、人《にん》間《げん》の歴《れき》史《し》を、すべての人《ひと》々《びと》が自《じ》由《ゆう》な生《せい》活《かつ》を送《おく》ることができるまで繰《く》り返《かえ》される弁《べん》証《しょう》法《ほう》の過《か》程《てい》であると主《しゅ》張《ちょう》しました。つまり、人《にん》間《げん》は何《なに》かできごとが起《お》こるたびにそれに反《はん》対《たい》し、また新《あたら》しいものを作《つく》っていくような存《そん》在《ざい》なのです。そうだとすれば、進《しん》歩《ぽ》のために議《ぎ》論《ろん》が大《たい》切《せつ》だということがよくわかります。

語 **弁《べん》証《しょう》法《ほう》**　人 **ゲオルク・ヴィルヘルム・フリードリヒ・ヘーゲル**

アウフヘーベンの考《かんが》え方《かた》は、小《しょう》説《せつ》でも使《つか》われているんだって。壁《かべ》にぶつかった主《しゅ》人《じん》公《こう》が一《いち》度《ど》はくじけても、また立《た》ち直《なお》って成《せい》長《ちょう》する物《もの》語《がたり》はいかにもアウフヘーベンだね。

超《ちょう》人《じん》ってどんな人《ひと》？

超《ちょう》人《じん》は常《じょう》識《しき》や価《か》値《ち》観《かん》に縛《しば》られず自《じ》分《ぶん》の良《よ》し悪《あ》しに沿《そ》って生《い》きる人《ひと》。

自分《じぶん》の軸《じく》を持《も》つ

毎《まい》日《にち》同《おな》じような生活《せいかつ》を続《つづ》けていると、「何《なん》のために生《い》きているんだろう」と、日々《ひび》の生活《せいかつ》に飽《あ》き飽《あ》きすることはありませんか？

ドイツの哲学者《てつがくしゃ》ニーチェは、人《ひと》が信《しん》じる価値《かち》や生《い》きる目的《もくてき》を失《うしな》った状態《じょうたい》を**ニヒリズム**と呼《よ》びました。また、人類《じんるい》の歴史《れきし》には進歩《しんぽ》があるわけではなく、同《おな》じような変化《へんか》が繰《く》り返《かえ》されている（**永劫回帰**《えいごうかいき》）だけだとも言《い》います。

ただ、こうした繰《く》り返《かえ》しの中《なか》でも、人生《じんせい》の意味《いみ》を作《つく》り出《だ》すこともできます。ニーチェは、常識《じょうしき》や価値観《かちかん》に縛《しば》られず、自《みずか》ら新《あたら》しい価値《かち》を生《う》み出《だ》す人《ひと》を**超人**《ちょうじん》と呼《よ》びました。そして、超人《ちょうじん》として生《い》きることを呼《よ》びかけるのです。

超人《ちょうじん》は、ときにまったく新《あたら》しいアイディアを持《も》っているため、世間《せけん》の人《ひと》からすぐには理解《りかい》されないかもしれません。しかし、こうしたアイディアが人生《じんせい》に新《あたら》しい風《かぜ》を吹《ふ》き込《こ》むとニーチェは考《かんが》えました。また、**超人《ちょうじん》は自分《じぶん》の考《かんが》えや人生《じんせい》の軸《じく》を大切《たいせつ》にし、生《い》きる喜《よろこ》びを感《かん》じ、自分《じぶん》を肯定《こうてい》する**ことができます。

ニーチェの哲学《てつがく》は、自分《じぶん》らしく生《い》きることを恐《おそ》れず、人前《ひとまえ》で表現《ひょうげん》することの大切《たいせつ》さを教《おし》えてくれます。

語 **超人**《ちょうじん》

人 **フリードリヒ・ニーチェ**

ニーチェは、信《しん》じるものがなくなったことを「神《かみ》は死《し》んだ！」と表現《ひょうげん》したんだって。

すべて運《うん》のせい？

人《ひと》の行為《こうい》の
良《よ》し悪《あ》しには
運《うん》が
大《おお》きく
関《かか》わる。

運《うん》が責任《せきにん》を左右《さゆう》する

じぶんのじんせいは
じぶんでコントロールしきれない

こんな2人《ふたり》の人《ひと》がいたとします。1人《ひとり》は、ある家《いえ》に泥棒《どろぼう》に入《はい》って金品《きんぴん》を盗《ぬす》みました。もう1人《ひとり》は、泥棒《どろぼう》に入《はい》ろうとしたところ、番犬《ばんけん》に吠《ほ》えられたので諦《あきら》めました。2人《ふたり》にどんな違《ちが》いがあるでしょうか？　法律的《ほうりつてき》には、最初《さいしょ》の人《ひと》は犯罪者《はんざいしゃ》として処罰《しょばつ》を受《う》けますが、後《あと》の人《ひと》は何《なに》もしていないので処罰《しょばつ》は受《う》けません。

しかし、人《ひと》としての良《よ》し悪《あ》しを考《かんが》えた場合《ばあい》、2人《ふたり》に違《ちが》いはないのでしょうか。また、泥棒《どろぼう》の理由《りゆう》が「単《たん》にお金《かね》が欲《ほ》しいから」という場合《ばあい》と、「病気《びょうき》の母《はは》に食《た》べ物《もの》を買《か》ってあげたかったから」のどちらなのかによっても、印象《いんしょう》が変《か》わるかもしれません。

行動《こうどう》の良《よ》し悪《あ》しを考《かんが》えるとき、多《おお》くの場合《ばあい》、私《わたし》たちは行為《こうい》やふるまいの結果《けっか》を見《み》ます。しかし、実際《じっさい》には、**自分《じぶん》ではコントロールできない偶然《ぐうぜん》や状況《じょうきょう》などの運《うん》が、人《ひと》の行為《こうい》やふるまいの良《よ》し悪《あ》しの考《かんが》え方《かた》に大《おお》きな影響《えいきょう》をおよぼしている**のです。イギリスの倫理学者《りんりがくしゃ》ウィリアムズはこうした要素《ようそ》を**道徳的運《どうとくてきうん》**と呼《よ》びました。

運《うん》について考《かんが》えると、あなたが人《ひと》を見《み》る目《め》も少《すこ》し変《か》わってくるのではないでしょうか？

語 **道徳的運《どうとくてきうん》**

人 **バーナード・ウィリアムズ**

何《なに》かの結果《けっか》をすべて不運《ふうん》のせいにすると、その人《ひと》の責任《せきにん》という考《かんが》え方《かた》が成《な》り立《た》たないように思《おも》えちゃうね。難《むずか》しい……。

経験《けいけん》が人生《じんせい》を変《か》える？

何《なに》かを経験《けいけん》したことでまったく想像《そうぞう》しなかった自分《じぶん》になれる。

人生《じんせい》は変化《へんか》の連続《れんぞく》

私《わたし》たちは、常《つね》に何《なに》かしらの決断《けつだん》をしながら生活《せいかつ》しています。日々《ひび》の決断《けつだん》には、「遅刻《ちこく》するからそろそろ起《お》きないと」といった些細《ささい》なものもあれば、「どの学校《がっこう》へ通《かよ》うか」「どこに就職《しゅうしょく》するか」といった、人生《じんせい》を左右《さゆう》するものもあります。

人《ひと》は日々《ひび》、多《おお》くの決断《けつだん》や経験《けいけん》をし、それによって変化《へんか》しています。そして、決断《けつだん》や経験《けいけん》によって、まったく予想《よそう》しなかった自分《じぶん》の好《この》みや価値観《かちかん》の変化《へんか》が起《お》きることがあります。アメリカの哲学者《てつがくしゃ》ポールは、こうした人《ひと》を変《か》える経験《けいけん》を**変容《へんよう》の経験《けいけん》**と呼《よ》びました。

私《わたし》たちは今《いま》まで体験《たいけん》したことがない経験《けいけん》によって新《あら》たな好《この》みや価値《かち》を知《し》ることがあります。たとえば、ベジマイトという一《いっ》見《けん》不思議《ふしぎ》な食《た》べ物《もの》がありますが、それを食《た》べてみると、おいしくてやみつきになってしまうかもしれません。また、就職《しゅうしょく》や結《けっ》婚《こん》によって、これまで考《かんが》えたこともなかった新《あたら》しいことに興味《きょうみ》を持《も》ったり、逆《ぎゃく》にこれまで大事《だいじ》だと思《おも》っていたことがどうでもよく思《おも》えたりすることもあるでしょう。私《わたし》たちは日々《ひび》の決断《けつだん》や経験《けいけん》の中《なか》で、今《いま》の自分《じぶん》には予期《よき》できないような、一生《いっしょう》を変《か》えるかもしれない可能性《かのうせい》と常《つね》に隣《とな》り合《あ》わせに生《い》きているのです。

語 **変容《へんよう》の経験《けいけん》**

人 **ローリー・アン・ポール**

人生《じんせい》に大《おお》きな変化《へんか》を生《う》み出《だ》す決断《けつだん》や経験《けいけん》もあれば、そうでもないものもあるよね。

経験《けいけん》が顔《かお》に出《で》る

第《だい》3章《しょう》

自《じ》分《ぶん》の見《み》方《かた》や考《かんが》え方《かた》を変《か》える哲《てつ》学《がく》

知《た》恵《ち》のある人《ひと》って？

わたしにはちえがある

本当《ほんとう》に知恵《ちえ》がある人《ひと》は自分《じぶん》がものごとを十分《じゅうぶん》に知《し》らないことを知《し》っている。

愛《あい》とはなにか教《おし》えてあげよう

？

…

知ってるつもりは恥ずかしい

哲学者《がくしゃ》の言葉《ことば》で、もっともよく知《し》られるものの一《ひと》つに古代《こだい》ギリシャの哲学者《てつがくしゃ》ソクラテスが言《い》った**無知の知**（**不知の自覚**）があります。

ある日《ひ》、ソクラテスの友人《ゆうじん》が神《かみ》のお告《つ》げが聞《き》こえる巫女《みこ》に「ソクラテスより知恵《ちえ》のある者《もの》はいるか？」と尋《たず》ねました。すると、巫女《みこ》は「ソクラテスより知恵《ちえ》のある者《もの》はいない」と答《こた》えたそうです。このことを友人《ゆうじん》から聞《き》いたソクラテスは、町中《まちじゅう》の知恵《ちえ》のある人《ひと》を訪《たず》ねては、「愛《あい》とは何《なに》か」、「正義《せいぎ》とは何《なに》か」について議論《ぎろん》し、自分《じぶん》より知恵《ちえ》のある人《ひと》を探《さが》しました。

その結果《けっか》、ソクラテスは「知恵《ちえ》のある者《もの》と呼《よ》ばれる人《ひと》はみな、愛《あい》や正義《せいぎ》とは何《なに》かを知《し》っていると思《おも》い込《こ》んでいるだけで、本当《ほんとう》は何《なに》も知《し》っていない」ということに気《き》づきました。そして**ソクラテスは、自分《じぶん》はものごとについて何《なに》も知《し》らないということを理解《りかい》できているため、真実《しんじつ》について謙虚《けんきょ》に知《し》ろうとすることができると考《かんが》えた**のです。これが無知《むち》の知《ち》です。

しかし、有力者《ゆうりょくしゃ》を論破《ろんぱ》して回《まわ》るソクラテスをよく思《おも》わない人《ひと》もいました。ソクラテスは、彼《かれ》らに若者《わかもの》たちをそそのかしたとして裁判《さいばん》を起《お》こされ、結果《けっか》、死刑《しけい》になり、命《いのち》を落《お》としました。

語 **無知《むち》の知《ち》**　**人** **ソクラテス**

牢獄《ろうごく》にいるソクラテスを訪《たず》ねた友人《ゆうじん》は、逃亡《とうぼう》を勧《すす》めたんだ。だけど、ソクラテスは「悪《あく》法《ほう》もまた法《ほう》なり」と言《い》って、判決《はんけつ》を受《う》け入《い》れたんだって。

苦《くる》しまずに生《い》きるには？

煩悩《ぼんのう》を捨《す》てれば苦《くる》しみから解《と》き放《はな》たれる。

苦しみは欲望から生まれる

古代《だい》インドに、「**生《い》きるとは苦《くる》しむこと**」と説《と》いた人《ひと》がいました。仏教《ぶっきょう》を開《ひら》いたシッダールタ（釈迦《しゃか》）です。小国《しょうこく》の王子《おうじ》だったシッダールタは、幼《おさな》い頃何不自由《ころなにふじゆう》なく育《そだ》ちました。しかし、成長《せいちょう》して自分《じぶん》の境遇《きょうぐう》とは異《こと》なる人々《ひとびと》と交流《こうりゅう》する中《なか》で、人間《にんげん》には老《お》いや病《やまい》、死《し》といった苦《くる》しみがあることに気《き》づき、そこから逃《のが》れる方法《ほうほう》を求《もと》めて修行《しゅぎょう》を始《はじ》めました。

シッダールタは師《し》に学《まな》んだ後《あと》、断食《だんじき》などの苦行《くぎょう》を行《おこな》いましたが、ただ心身《しんしん》が弱《よわ》っただけでした。そこで、苦行《くぎょう》をやめて健康《けんこう》を取《と》り戻《もど》したシッダールタは、菩提樹《ぼだいじゅ》という木《き》の下《した》で**瞑想**を行《おこな》い、ものごとの本当《ほんとう》の意味《いみ》を知《し》り、迷《まよ》いのない**悟り**の境地《きょうち》にいたりました。シッダールタは、**心身《しんしん》を乱《みだ》し、惑《まど》わせる煩悩を持《も》つ限《かぎ》り、人《ひと》は苦《くる》しみから解放《かいほう》されない**と説《と》きました。また、**世《よ》の中《なか》は常《つね》に移《うつ》り変《か》わり、何一《なにひと》つ確《たし》かなものはない**（**諸行無常**）と考《かんが》え、心安《こころやす》らかに生《い》きるために、悟《さと》りを得《え》ることを勧《すす》めました。

日々《ひび》の生活《せいかつ》の中《なか》で欲望《よくぼう》を捨《す》てるのは難《むずか》しいことです。でも、自分《じぶん》に向《む》き合《あ》い、欲望《よくぼう》にとらわれていないか、その欲望《よくぼう》は本当《ほんとう》に自分《じぶん》に必要《ひつよう》なことなのかと見直《みなお》してみると、煩悩《ぼんのう》を少《すこ》し手放《てばな》すことができるかもしれません。

語 **煩悩《ぼんのう》**　人 **ゴータマ・シッダールタ（釈迦《しゃか》）**

今残《いまのこ》っているシッダールタの言葉《ことば》は、弟子《でし》たちが言《い》い伝《つた》えたり書《か》き留《と》めたりしたものをもとにしているんだって。

先《せん》入《にゅう》観《かん》って何《なに》?

人《ひと》は常《つね》に見方《みかた》や考《かんが》え方《かた》に偏《かたよ》りが出《で》てしまう生《い》き物《もの》だ。

はまりやすい先入観

でも
きづかない
うちに
おもい
こんでるん
だとしたら…

正しいと信《しん》じ込《こ》んでいたのに、実《じつ》は間違《まちが》っていたという経《けい》験《けん》はありませんか？　私《わたし》たちはつい自分《じぶん》に都合《つごう》のよい情《じょう》報《ほう》ばかり集《あつ》めてしまい、思《おも》い込《こ》みや先入観《せんにゅうかん》を持《も》ってしまいます。

イギリスの哲学者《てつがくしゃ》ベーコンは、そのような思《おも》い込《こ》みや先入観《せんにゅうかん》のことをイドラと呼《よ》びました。イドラとは「幻影《げんえい》」や「偶像《ぐうぞう》」といった意味《いみ》の言葉《ことば》で、**人《ひと》が気《き》づかないうちに何《なに》かを抱《いだ》き、とらわれる状態《じょうたい》**を表《あらわ》します。ベーコンはそのようなイドラとして４つを挙《あ》げました。

種族のイドラは、人間《にんげん》に生《う》まれつき備《そな》わった感覚《かんかく》から生《う》まれる思《おも》い込《こ》み、洞窟のイドラは、生《う》まれ育《そだ》った環境《かんきょう》や経験《けいけん》から生《う》まれる思《おも》い込《こ》み、市場のイドラは、会話《かいわ》やうわさ話《ばなし》から生《う》まれる思《おも》い込《こ》み、そして劇場のイドラは、有名人《ゆうめいじん》や権威《けんい》のある人《ひと》の言《こと》葉《ば》をうのみにすることによって生《う》まれる思《おも》い込《こ》みです。

思《おも》い込《こ》みや先入観《せんにゅうかん》にとらわれているときほど、なかなかそのことに気《き》づけないものです。自分《じぶん》の考《かんが》え方《かた》が偏《かたよ》っていることに気《き》づくためには、信頼《しんらい》できる人《ひと》と話《はな》し、ときには耳《みみ》が痛《いた》いアドバイスも受《う》けとめてみることがおすすめです。のちにその大切《たいせつ》さに気《き》づくときがやってくるかもしれません。

語 **イドラ**　人 **フランシス・ベーコン**

ベーコンは、思《おも》い込《こ》みや先入観《せんにゅうかん》を減《へ》らす方法《ほうほう》として、実験《じっけん》をとおして真理《しんり》を探究《たんきゅう》したんだって。だから、科学《かがく》に大《おお》きな影響《えいきょう》を与《あた》えたみたいだよ。

世界《せかい》のすべてがわかる？

ちきゅうは
まるい
まるく
みえてる
だけで？

「人《ひと》が知《し》る世界《せかい》」と「世界《せかい》そのもの」は同《おな》じじゃない。

現象《げんしょう》
物自体《ものじたい》

世界そのものはわからない

私たちは世界《せかい》についてどのようなことを知《し》ることができるのでしょうか？　ドイツの哲学者《てつがくしゃ》カントは、人《ひと》の見方《みかた》や考《かんが》え方《かた》のあり方《かた》とその限界《げんかい》について考《かんが》えました。

カントは、「神《かみ》は存在《そんざい》するのか」「死後《しご》の魂《たましい》はあるのか」といった、人《ひと》の経験《けいけん》ではわからないことを語《かた》る哲学《てつがく》を批判しました。「神《かみ》」や「魂《たましい》」は言葉《ことば》では誰《だれ》もが知《し》っているため、見《み》たことがないのに、ついそれが存在《そんざい》しているかのように思《おも》ってしまいます。

カントはこうした考《かんが》え方《かた》に反対《はんたい》し、**人《ひと》が知《し》ることのできる範囲《はんい》の中《なか》で、真理《しんり》を見《み》つけようとしました。**

カントは、私《わたし》たちの世界《せかい》も私《わたし》たちの能力《のうりょく》でわかる姿《すがた》（現象）に過《す》ぎず、本来《ほんらい》のあるがままの姿《すがた》（物自体）は知《し》ることはできないと唱《とな》えました。つまり、私《わたし》たちは世界《せかい》をそれ自体《じたい》として知《し》るのではなく、ものが私《わたし》たちに現《あらわ》れてくる（見《み》える、聞《き》く、嗅《か》ぐ、触《ふ》れる、感《かん》じる）形《かたち》でしか知《し》ることができないと考《かんが》えたのです。

私《わたし》たちは、一見《いっけん》、自分《じぶん》が知《し》っている世界《せかい》こそがすべてだと考《かんが》えてしまいがちです。しかし、私《わたし》たちが知《し》ることができるものは、人間《にんげん》として見《み》たり、感《かん》じたりできる範囲《はんい》に限《かぎ》られているのです。

語　**物自体《ものじたい》**

人　**イマヌエル・カント**

哲学《てつがく》では「批判《ひはん》」という言葉《ことば》は否定《ひてい》するという意味《いみ》ではなく、ものごとを根本《こんぽん》から考《かんが》え直《なお》すという意味《いみ》なんだって。

存《そん》在《ざい》するって？

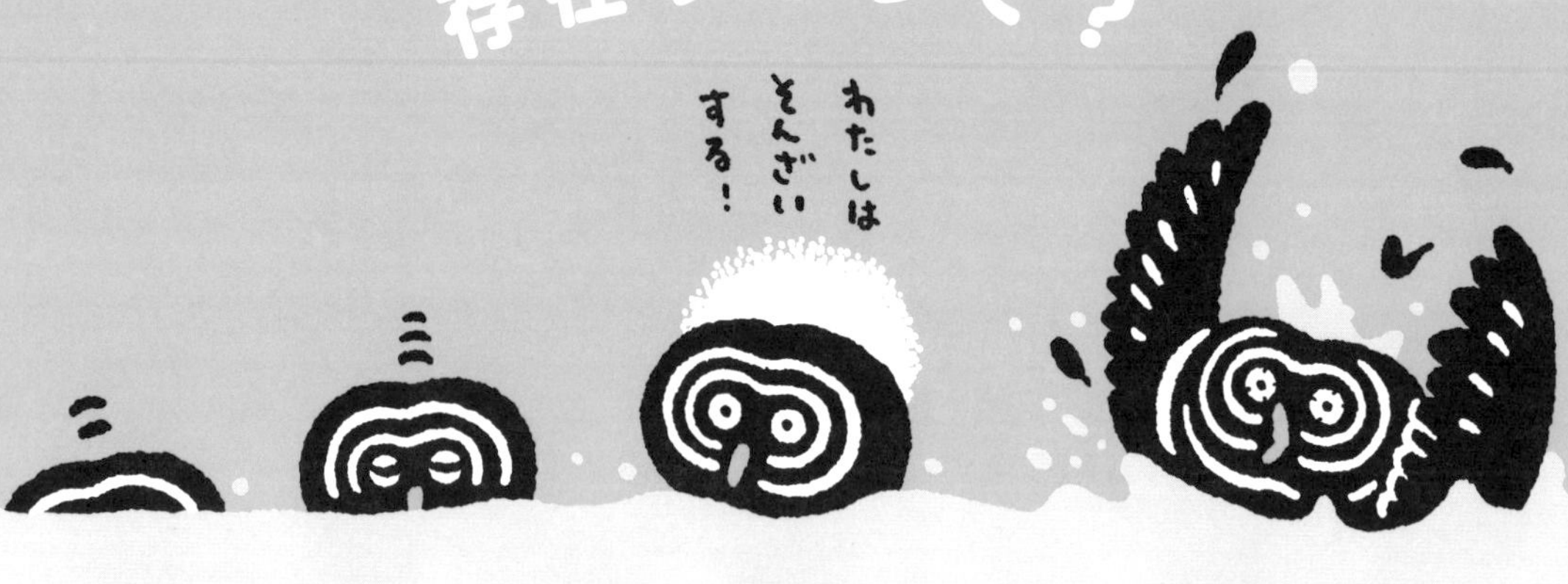

いつか
死んでしまう
ことを真剣に
受けとめれば
自分の存在の
かけがえなさが
わかる。

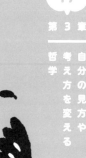

自分の死と向き合う

ドイツの哲学者《てつがくしゃ》ハイデガーが活躍《かつやく》した20世紀初頭《せいきしょとう》から半《なか》ばは、大《おお》きな戦争《せんそう》で多《おお》くの人《ひと》が亡《な》くなり、宗教《しゅうきょう》の力《ちから》が弱《よわ》まった時代《じだい》でした。人々《ひとびと》は未来《みらい》に希望《きぼう》を持《も》てず、自分《じぶん》の存在《そんざい》の意味《いみ》まで見失《みうしな》いがちでした。

こんな時代《じだい》に登場《とうじょう》したのが、「私《わたし》の存在《そんざい》の意味《いみ》」を考《かんが》える実存主義という考《かんが》えです。ハイデガーは、人間《にんげん》とは時間《じかん》のある世界《せかい》で生《い》きる存在《そんざい》（世界―内―存在）であり、「いつかは自分《じぶん》も死《し》ぬ」という未来《みらい》を受《う》け入《い》れることで、自分《じぶん》らしい生《い》き方《かた》ができるようになると説《と》きました。このときハイデガーは、人間《にんげん》は死への存在であると定義《ていぎ》し、**自分自身《じぶんじしん》の死《し》と誠実《せいじつ》に向《む》き合《あ》ったときに、限《かぎ》りある人生《じんせい》を自分《じぶん》のものとすることができる**と考《かんが》えました。

もちろん、私《わたし》たちはいつか死《し》ぬことを知《し》っています。ですが、まだまだ遠《とお》い先《さき》の話《はなし》だと思《おも》っていないでしょうか。遠《とお》すぎるために、自分《じぶん》には関係《かんけい》ないと考《かんが》える人《ひと》もいるかもしれません。

ハイデガーは、命《いのち》が終《お》わることを忘《わす》れている状態《じょうたい》を、モノのようなあり方《かた》をしているという意味《いみ》でダス・マンと呼《よ》びました。そして、自分《じぶん》の死《し》に向《む》き合《あ》うことで、自分《じぶん》で納得《なっとく》のいく生《い》き方《かた》をつかむことができると考《かんが》えたのです。

語 **死《し》への存在《そんざい》**
人 **マルティン・ハイデガー**

ハイデガーは、人々《ひとびと》が自分自身《じぶんじしん》の生《い》き方《かた》を見失《みうしな》っている時代《じだい》を「存在忘却《そんざいぼうきゃく》の時代《じだい》」と呼《よ》んだんだって。

人間《にんげん》の本質《ほんしつ》って何《なに》？

人間《にんげん》は自分《じぶん》の本質《ほんしつ》を自分《じぶん》でつくる。

生《い》き方《かた》は自由《じゆう》に選《えら》べる

実《じつ》存とは、「私《わたし》が今《いま》、現実《げんじつ》に存在《そんざい》している」ということです。フランスの哲学者《てつがくしゃ》サルトルは、人《ひと》はあらかじめ決《き》められた目的《もくてき》のために存在《そんざい》しているのではなく、まず存在《そんざい》しており、その後《あと》に目的《もくてき》が生《う》まれるのだと主張《しゅちょう》しました。このことをサルトルは「実存は本質に先立つ」と表現《ひょうげん》しました。サルトルによれば、**人間《にんげん》は真《ま》っ白《しろ》な状態《じょうたい》で生《う》まれ、生《い》きる中《なか》で自分《じぶん》が存在《そんざい》する理由《りゆう》（本質《ほんしつ》）を形成《けいせい》していく**のです。

たとえば、イスには最初《さいしょ》から座《すわ》るためのものという目的《もくてき》があり、そのために作《つく》られます。こうしたあり方《かた》は即自存在と呼《よ》ばれます。一方《いっぽう》、人《ひと》の人生《じんせい》は目的《もくてき》があらかじめ決《き》まっているわけではなく、「職人《しょくにん》になる」「政治家《せいじか》になる」など、自分《じぶん》の生《い》き方《かた》を自由《じゆう》に選択《せんたく》できます。こうした、自分《じぶん》が何者《なにもの》であるのかという本質《ほんしつ》を作《つく》っていくあり方《かた》を、サルトルは対自存在と呼《よ》びました。サルトルは、**人間《にんげん》は本質的《ほんしつてき》に自由《じゆう》な存在《そんざい》である**と考《かんが》えたのです。

一方《いっぽう》でサルトルは、「人間は自由の刑に処されている」とも述《の》べています。人間《にんげん》には無限《むげん》の可能性《かのうせい》があることで、自由《じゆう》であることの不安《ふあん》や、未来《みらい》を選択《せんたく》する責任《せきにん》も生《う》まれると考《かんが》えたのです。

語 **実存《じつぞん》は本質《ほんしつ》に先立《さきだ》つ**

人 **ジャン・ポール・サルトル**

サルトルは文学《ぶんがく》の才能《さいのう》もあってノーベル文学賞《ぶんがくしょう》にも選《えら》ばれたんだけど、辞退《じたい》したんだって。初《はじ》めてノーベル賞《しょう》を断《ことわ》った人《ひと》らしいよ。

性別《せいべつ》ごとに役割《やくわり》がある？

やりたいことをあきらめなきゃいけなかった

男性《だんせい》を優先《ゆうせん》する社会《しゃかい》の中《なか》で家事《かじ》や子育《こそだ》てが女性《じょせい》に押《お》しつけられていった。

「女」は作られた

昨今《こん》、女性《じょせい》の活躍《かつやく》の幅《はば》が広《ひろ》がり、より活躍《かつやく》できる社会《しゃかい》が求《もと》められています。このきっかけを作《つく》ったのが、フランスの哲学者《てつがくしゃ》ボーヴォワールです。彼女《かのじょ》はサルトルのパートナーでした。

サルトルが、人《ひと》は生《い》き方《かた》を自由《じゆう》に選択《せんたく》できると言《い》ったのに対《たい》して、ボーヴォワールは、そのときに語《かた》られている「人《ひと》」には男《だん》性《せい》しか含《ふく》まれていないことを指摘《してき》しました。そして、**女性《じょせい》は家《か》事《じ》や育児《いくじ》などの役割《やくわり》を男性《だんせい》から押《お》しつけられている**と主張《しゅちょう》したのです。このことをボーヴォワールは「人は女に生まれるのではない、女になるのだ」という有名《ゆうめい》な言葉《ことば》で表現《ひょうげん》しています。

ボーヴォワールは、子《こ》どもを愛《あい》する「母親《ははおや》」や、家事《かじ》や子育《こそだ》てをして男性《だんせい》を支《ささ》える「妻《つま》」という姿《すがた》は、男性《だんせい》に都合《つごう》のいいように作《つく》られたものだと説《と》きました。女性《じょせい》はそのような偏《かたよ》ったイメージのせいで、進学《しんがく》や仕事《しごと》、生《い》き方《かた》などで自分《じぶん》のやりたいことや自由《じゆう》な選択《せんたく》を妨《さまた》げられてきたのです。ボーヴォワールは、女性《じょせい》は男性《だんせい》と対等《たいとう》な立場《たちば》になり、自由《じゆう》に生《い》きるべきであると提唱《ていしょう》しました。ボーヴォワールのこうした主張《しゅちょう》は、のちに世界中《せかいじゅう》に広《ひろ》まった**フェミニズム**という運動《うんどう》のさきがけとなりました。

語 フェミニズム　人 シモーヌ・ド・ボーヴォワール

ボーヴォワールとサルトルの関係《かんけい》は、別《べつ》の人《ひと》との恋愛《れんあい》も許《ゆる》す「契約結婚《けいやくけっこん》」という変《か》わったものだったけど、お互《たが》いの自由《じゆう》を尊重《そんちょう》していたのかもね。

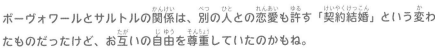

他者《たしゃ》とどう接《せっ》する？

みられていると
ちゃんとしなきゃって
おもう

他者《たしゃ》とは
完全《かんぜん》には
理解《りかい》できない
一人一人《ひとりひとり》「顔《かお》」を
持《も》った個性的《こせいてき》な
存在《そんざい》だ。

「顔」が呼びかける

わたしにはきみが
きみにはわたしが
ひつよう

小さな子《こ》どもが道路《どうろ》に飛《と》び出《だ》そうとしているとき、みなさんは思《おも》わず止《と》めに入《はい》ってしまうでしょう。また、目《め》の前《まえ》で人《ひと》が苦《くる》しんでいるときには、苦《くる》しさに共感《きょうかん》し、寄《よ》り添《そ》ってあげるでしょう。

フランスの哲学者《てつがくしゃ》レヴィナスは、こうした反応《はんのう》の理由《りゆう》を他者の「顔」に注目《ちゅうもく》して説明《せつめい》します。他者《たしゃ》は、自分《じぶん》と同《おな》じようにケガをしたり、傷《きず》ついたりする存在《そんざい》である一方《いっぽう》で、自分《じぶん》と重《かさ》ねて理《り》解《かい》しようとしても、理解《りかい》しきることのできない特別《とくべつ》な存在《そんざい》でもあります。レヴィナスは、このような存在《そんざい》である他者《たしゃ》の顔《かお》を見《み》ることで、おのずと自分《じぶん》と他者《たしゃ》の間《あいだ》に関係《かんけい》が生《う》まれると考《かんが》えました。そして、他者《たしゃ》の顔《かお》を知《し》った以上《いじょう》、自分《じぶん》はその他者《たしゃ》の存在《そんざい》に対《たい》して何《なん》らかの形《かたち》で応答《おうとう》しないではいられなくなるのです。

レヴィナスは、人《ひと》は他者《たしゃ》との関係《かんけい》の中《なか》で生《い》きるしかなく、関《かか》わりを持《も》った以上《いじょう》は責任が生《う》まれると考《かんが》えました。**他者《たしゃ》の顔《かお》は私《わたし》たちに人《ひと》のかけがえのなさを受《う》けとめ、応答《おうとう》するようにと迫《せま》ってくる**のです。私《わたし》たちは、他者《たしゃ》についてわかったつもりにならずに、他者《たしゃ》の顔《かお》を前《まえ》にして謙虚《けんきょ》であり続《つづ》けながら、他者《たしゃ》に向《む》き合《あ》うべきなのでしょう。

語 **顔《かお》**

人 **エマニュエル・レヴィナス**

レヴィナスは、自分《じぶん》の家族《かぞく》を人種差別《じんしゅさべつ》によって殺害《さつがい》されてしまったんだって。そうした経験《けいけん》が、他者《たしゃ》をかけがえのない存在《そんざい》としてとらえる哲学《てつがく》に向《む》かわせたのかもしれないね。

支《ささ》え合《あ》いは大切《たいせつ》？

だれもひとりではいきていけないから

ケアとは困《こま》っている人《ひと》の希望《きぼう》や必要《ひつよう》に応《こた》えること。

ケアという道徳観

みなさんは、ケアという言葉《ことば》を聞《き》いたことはありますか？

アメリカの心理学者《しんりがくしゃ》ギリガンは、正《ただ》しい行為《こうい》について考《かんが》える「正義《せいぎ》の倫理《りんり》」に対《たい》して、困《こま》っている人《ひと》の希望《きぼう》や必要《ひつよう》（ニーズ）に応《こた》える「ケアの倫理《りんり》」を提唱《ていしょう》しました。**ケアとは、困《こま》っている人《ひと》や悩《なや》みを抱《かか》えている人《ひと》に寄《よ》り添《そ》い、その人《ひと》のニーズに応《こた》える責任《せきにん》を引《ひ》きうけることです。**ギリガンは、ケアを正義《せいぎ》とは異《こと》なる仕方《しかた》で道徳《どうとく》を考《かんが》える「もうひとつの声《こえ》」であると考《かんが》えました。

私《わたし》たちは誰《だれ》もがもともと子《こ》どもであったり、いつか高齢者《こうれいしゃ》になったりします。また、けがや病気《びょうき》になる可能性《かのうせい》はいつでもあり、そのときには誰《だれ》かに頼《たよ》らないといけなくなるかもしれません。このように私《わたし》たちは弱《よわ》く、傷《きず》つきやすいため、誰《だれ》かのケアを必要《ひつよう》とする存在《そんざい》なのです。

昨今《さっこん》、家庭《かてい》や学校《がっこう》、職場《しょくば》など、さまざまな場面《ばめん》でケアが求《もと》められるようになっています。その背景《はいけい》には、弱《よわ》く、傷《きず》つきやすい私《わたし》たち人間《にんげん》を、お互《たが》いにサポートしあえる社会《しゃかい》が求《もと》められるようになってきたことがあるでしょう。こうした社会《しゃかい》では、一人《ひとり》一人《ひとり》が他者《たしゃ》を支《ささ》え、そして他者《たしゃ》に支《ささ》えられている存在《そんざい》なのです。

語 ケア　人 キャロル・ギリガン

ケアは、子育《こそだ》てや医療《いりょう》・看護《かんご》、介護《かいご》などの分野《ぶんや》で大切《たいせつ》にされているんだって。これらは生《い》きるうえで誰《だれ》もが経験《けいけん》することだね。

思《おも》いやりサークル
バシャーン

第《だい》4章《しょう》

私《わたし》たちの社会《しゃかい》を考《かんが》える哲学《てつがく》

国《くに》は何《なん》のためにある？

くにがないせかいをそうぞうしてみて

国《くに》がなければ人々《ひとびと》はそれぞれの欲求《よっきゅう》に従《したが》い争《あらそ》う。

国家《こっか》
自然状態《しぜんじょうたい》

人《ひと》はもともと自分《じぶん》勝手《かって》？

きょうだいや友達《ともだち》と一切《ひとき》れのケーキの取《と》り合《あ》いになったらどのように解決《かいけつ》しますか？　じゃんけんで決《き》めるという人《ひと》もいれば、力《ちから》ずくで奪《うば》い取《と》るという人《ひと》もいるかもしれません。

日常《にちじょう》では、いつも全員《ぜんいん》が欲《ほ》しいものを手《て》に入《い》れることができるとは限《かぎ》らない場面《ばめん》がたくさんあります。イギリスの哲学者《てつがくしゃ》ホッブズは、こうした中《なか》で人々《ひとびと》がけんかや戦争《せんそう》をすることなく、お互《たが》いを信頼《しんらい》してともに生《い》きていくためにはどうしたらよいのかを考《かんが》え、みなが納得《なっとく》するルールの整《ととの》った国《くに》が必要《ひつよう》だと言《い》いました。

ホッブズはまず、社会《しゃかい》のルールが何《なに》もない状態《じょうたい》（**自然状態《しぜんじょうたい》**）を考《かんが》えました。ここでは、みなが自分《じぶん》を大切《たいせつ》にしたいとだけ考《かんが》えており、**自分《じぶん》の欲《ほ》しいものや権利《けんり》を人《ひと》に譲《ゆず》らず、意地《いじ》を張《は》り合《あ》う万人《ばんにん》の万人《ばんにん》に対《たい》する闘争《とうそう》**が起《お》きてしまいます。

ホッブズは、この状態《じょうたい》を防《ふせ》ぐためには、争《あらそ》っている人々《ひとびと》の間《あいだ》に入《はい》る国《くに》という仕組《しく》みが必要《ひつよう》だと考《かんが》えます。国《くに》や王《おう》がさまざまなルールを作《つく》り、それを破《やぶ》った人《ひと》には罰《ばつ》を与《あた》えるのです。ホッブズはこうした仕組《しく》みを整《ととの》えることで、人《ひと》がけんかや戦争《せんそう》をすることなく、お互《たが》いを信頼《しんらい》し合《あ》えるようになるプロセスについて詳《くわ》しく説明《せつめい》しました。

語 **万人《ばんにん》の万人《ばんにん》に対《たい》する闘争《とうそう》**

人 **トマス・ホッブズ**

ホッブズは、国《くに》や王《おう》が持《も》つ力《ちから》を『旧約聖書《きゅうやくせいしょ》』に登場《とうじょう》する海獣《かいじゅう》になぞらえて「リヴァイアサン」と呼《よ》んだんだって。

文明《ぶんめい》社会《しゃかい》はよい社会《しゃかい》？

文明《ぶんめい》や文化《ぶんか》の進歩《しんぽ》により

人々《ひとびと》は競争《きょうそう》を始《はじ》め

不平等《ふびょうどう》な社会《しゃかい》が生《う》まれた。

人《ひと》はもともと“よい”存《そん》在《ざい》

人《ひと》は本来《ほんらい》、放《ほう》っておくと争《あらそ》いばかりすると考《かんが》えたホッブズとは違《ちが》って、フランスの哲学者《てつがくしゃ》ルソーは、**人間《にんげん》は本来《ほんらい》、困《こま》った人《ひと》がいたら自然《しぜん》と手《て》を差《さ》し伸《の》べるような、お互《たが》いを慈《いつく》しみ合《あ》う存《そん》在《ざい》だった**と言《い》います。

ルソーの生《い》きた時代《じだい》は、科学《かがく》や文明《ぶんめい》、文化《ぶんか》の進歩《しんぽ》で生活《せいかつ》が便利《べんり》になり、それまでの農業《のうぎょう》を中心《ちゅうしん》とした共同生活《きょうどうせいかつ》ががらりと変《か》わりました。しかし、こうした社会《しゃかい》では人々《ひとびと》は身分《みぶん》や階級《かいきゅう》、裕福《ゆうふく》さなどで比《ひ》較《かく》し合《あ》うようになり、自分《じぶん》より恵《めぐ》まれている人《ひと》を妬《ねた》んだり、恨《うら》んだりするようになってしまいました。また一部《いちぶ》の人《ひと》だけが権力《けんりょく》を握《にぎ》り、貧富《ひんぷ》の差《さ》もどんどん広《ひろ》がっていきました。

ルソーは、お互《たが》いに蹴落《けお》とし合《あ》うことをやめ、全員《ぜんいん》にとって共通《きょうつう》のよさや利益《りえき》（**一般意志《いっぱんいし》**）を知《し》ることが大切《たいせつ》だと主張《しゅちょう》しました。自分《じぶん》たちに必要《ひつよう》なものを話《はな》し合《あ》いで決《き》める社会《しゃかい》を説《と》いたのです。ルソーは、単純《たんじゅん》な多数決《たすうけつ》でものごとを決《き》めたり、一人《ひとり》の権力者《けんりょくしゃ》に決断《けつだん》をゆだねたりするのではなく、一人一人《ひとりひとり》が自分《じぶん》の考《かんが》えを持《も》ち、尊重《そんちょう》し合《あ》う社会《しゃかい》を理想《りそう》としました。こうした考《かんが》え方《かた》は、市民一人一人《しみんひとりひとり》に人権《じんけん》を保障《ほしょう》する市民社会《しみんしゃかい》のためのフランス革命《かくめい》につながっていったのです。

語 **一般意志《いっぱんいし》**

人 **ジャン・ジャック・ルソー**

カントはルソーの本《ほん》を読《よ》んでとても感動《かんどう》して、人間《にんげん》を愛《あい》することを学《まな》んだみたいだよ。

階級闘争《かいきゅうとうそう》って何《なに》？

お金《かね》持《も》ちと
その下《した》で働《はたら》く
労働者《ろうどうしゃ》の間《あいだ》の
格差《かくさ》から争《あらそ》いが
生《う》まれる。

格差《かくさ》は広《ひろ》がり続《つづ》ける

よくない
あつかいを
されたとき
は
こえを
あげる
べき

資《し》**本主義《ほんしゅぎ》**という言葉《ことば》を知《し》っていますか？　これは、誰《だれ》でも自由《じゆう》に会社《かいしゃ》を設立《せつりつ》したり商売《しょうばい》を始《はじ》めたりして、お金《かね》を稼《かせ》いでよいとする社会《しゃかい》のシステムのことです。日本《にほん》やアメリカなど、多《おお》くの国《くに》が資本主義《しほんしゅぎ》を採用《さいよう》しています。しかし、資本主義《しほんしゅぎ》の社会《しゃかい》では、仕事《しごと》で成功《せいこう》した一部《いちぶ》のお金持《かねも》ちと、彼《かれ》らに雇《やと》われるサラリーマンや貧《まず》しい人《ひと》たちの間《あいだ》で格差《かくさ》が生《う》まれます。

ドイツの経済学者《けいざいがくしゃ》マルクスは、**資本主義《しほんしゅぎ》の社会《しゃかい》では、富《とみ》を持《も》つ資本家《しほんか》（ブルジョアジー）と、不当《ふとう》な労働《ろうどう》に苦《くる》しむ労働者《ろうどうしゃ》（プロレタリアート）がいつか争《あらそ》い出《だ》し、社会《しゃかい》に革命《かくめい》が起《お》こる**と考《かんが》えました。たとえば、会社《かいしゃ》を経営《けいえい》する社長《しゃちょう》は、安《やす》い給与《きゅうよ》で社員《しゃいん》を雇《やと》い、たくさん働《はたら》かせ、会社《かいしゃ》の利益《りえき》を多《おお》くしたいと思《おも》うでしょう。会社《かいしゃ》の利益《りえき》ばかり優先《ゆうせん》すると、社員《しゃいん》のお金《かね》や時間《じかん》、生《い》きがいを奪《うば》うことになります。マルクスはこうした状況《じょうきょう》に対《たい》して、労働者《ろうどうしゃ》が自分《じぶん》の仕事《しごと》に見合《みあ》う対価《たいか》と、負担《ふたん》を減《へ》らすことを求《もと》めて立《た》ち上《あ》がることで、平等《びょうどう》な社会《しゃかい》が実現《じつげん》すると考《かんが》えたのです。

マルクスは、この革命《かくめい》によって、人々《ひとびと》がみなで土地《とち》、住居《じゅうきょ》、エネルギーなどの財産《ざいさん》を持《も》ち合《あ》い、一緒《いっしょ》に管理《かんり》していこうとする**共産主義《きょうさんしゅぎ》**の社会《しゃかい》を目指《めざ》すべきだと訴《うった》えました。

語 **階級闘争《かいきゅうとうそう》**　人 **カール・マルクス**

共産主義《きょうさんしゅぎ》をうたっている国《くに》として、中国《ちゅうごく》やキューバ、ベトナムなどがあるんだって。

幸福《こうふく》が正《ただ》しい？

できれば
みんな
しあわせ
がいい

多《おお》くの人々《ひとびと》に多《おお》くの幸《しあわ》せを与《あた》えるものが正《ただ》しい？

遠足《えんそく》の行《い》き先《さき》
遊園地《ゆうえんち》
美術館《びじゅつかん》

幸福《こうふく》は多《おお》いほうがいい

でも100%《パーセント》ぜんいんがしあわせになるせんたくはないかもみ

みなさんはどのようなときに幸福《こうふく》だと感《かん》じますか？　おいしいものを食《た》べているとき、好《す》きなマンガやアニメを見《み》ているとき、大切《たいせつ》な人《ひと》や家族《かぞく》とおだやかな日々《ひび》を過《す》ごしているとき……。人《ひと》によって**幸福**《こうふく》の内容《ないよう》や種類《しゅるい》は違《ちが》うものです。

イギリスの哲学者《てつがくしゃ》ベンサムは、人間《にんげん》は心地《ここち》よさを求《もと》め、苦痛《くつう》を避《さ》ける存在《そんざい》だと考《かんが》え、**快楽**《かいらく》**を「幸福**《こうふく》**」、苦痛**《くつう》**を「不幸**《ふこう》**」と定義**《ていぎ》**しました。そのうえで、なるべくたくさんの人**《ひと》**がたくさんの快楽**《かいらく》**＝幸福**《こうふく》**を手**《て》**に入**《い》**れられることが正**《ただ》**しい**と主張《しゅちょう》しました（**最大多数**《さいだいたすう》**の最大幸福**《さいだいこうふく》）。この考《かんが》え方《かた》を**功利主義**《こうりしゅぎ》と言《い》います。功利主義《こうりしゅぎ》は、自分《じぶん》だけではなく、社会《しゃかい》に生《い》きるさまざまな人々《ひとびと》の幸福《こうふく》まで公平《こうへい》に考慮《こうりょ》して、行為《こうい》するべきだと説《と》きます。

また、ベンサムの弟子《でし》ミルは、**人間**《にんげん》**の快楽**《かいらく》**は量**《りょう》**だけではなく、質**《しつ》**も重要**《じゅうよう》**だ**と考《かんが》えました。おいしいものを食《た》べると快楽《かいらく》が得《え》られるのは動物《どうぶつ》も人間《にんげん》も一緒《いっしょ》ですが、人間《にんげん》はより質《しつ》の高《たか》い快楽《かいらく》を得《え》る場合《ばあい》もあると主張《しゅちょう》したのです。ミルはこのことについて**「満足**《まんぞく》**した豚**《ぶた》**であるより不満足**《ふまんぞく》**な人間**《にんげん》**であるほうがよい。同**《おな》**じく、満足**《まんぞく》**した愚**《おろ》**か者**《もの》**であるより、不満足**《ふまんぞく》**なソクラテスであるほうがよい**」という有名《ゆうめい》な言葉《ことば》を残《のこ》しました。

語　**最大多数**《さいだいたすう》**の最大幸福**《さいだいこうふく》

人　**ジェレミー・ベンサム**
ジョン・スチュアート・ミル

何《なに》を質《しつ》の高《たか》い幸福《こうふく》と考《かんが》えるかは人《ひと》によって違《ちが》いそう。お腹《なか》いっぱい食《た》べる幸《しあわ》せと、きれいな絵《え》を見《み》て感動《かんどう》する幸《しあわ》せって比《くら》べられるのかな？

監《かん》視《し》や管《かん》理《り》は大《たい》切《せつ》？

私《わたし》たちは気《き》づかないうちに監《かん》視《し》されたり管《かん》理《り》されたりしている。

社会《しゃかい》は監獄《かんごく》のようなもの

自《じ》分《ぶん》の部屋《へや》にいるとき、実《じつ》は親《おや》や先生《せんせい》に別室《べっしつ》でずっと見《み》られているとしたら、不気味《ぶきみ》な気持《きも》ちになったり、嫌《いや》な気《き》持《も》ちになったりしませんか？

フランスの哲学者《てつがくしゃ》フーコーは、**人《ひと》の生活《せいかつ》や生命《せいめい》は実《じつ》はさまざまなところで、知《し》らず知《し》らずのうちに、権力者《けんりょくしゃ》によって監視《かんし》されたり、管理《かんり》されたりしている**と主張《しゅちょう》しました。人々《ひとびと》の生《せい》に対《たい》する権力《けんりょく》のことを**生権力《せいけんりょく》**と言《い》います。生権力《せいけんりょく》は、軍隊《ぐんたい》、工場《こうじょう》、学校《がっこう》、監獄《かんごく》などで人々《ひとびと》をルールに沿《そ》う従順《じゅうじゅん》な人間《にんげん》にしようとしたり、健康診断《けんこうしんだん》で健康《けんこう》をチェックし、疫病《えきびょう》やウィルスを発見《はっけん》したり、人口統計調査《じんこうとうけいちょうさ》によって人口《じんこう》の増減《ぞうげん》を管理《かんり》したりして、人々《ひとびと》の生命《せいめい》を調整《ちょうせい》しようとします。

人《ひと》は生権力《せいけんりょく》を通《とお》して、社会《しゃかい》の「普通《ふつう》」や「当《あ》たり前《まえ》」を知《し》り、知《し》らず知《し》らずのうちに身《み》につけていきます。しかし、生権力《せいけんりょく》になじんでしまうと「普通《ふつう》」や「当《あ》たり前《まえ》」から外《はず》れている人《ひと》を見《み》たときに、差別意識《さべついしき》を持《も》ったり、排除《はいじょ》しようとしたりする危険《きけん》があります。生権力《せいけんりょく》は、私《わたし》たちに社会生活《しゃかいせいかつ》をスムーズに送《おく》れるようにしてくれる一方《いっぽう》で、「普通《ふつう》」や「当《あ》たり前《まえ》」を疑《うたが》うことを難《むずか》しくしているものでもあるのです。

語 **生権力《せいけんりょく》**　人 **ミシェル・フーコー**

今《いま》はいろんなところに監視《かんし》カメラがあって何《なに》かあったときには安心《あんしん》できるけど、なんとなく普段《ふだん》の自分《じぶん》の行動《こうどう》まで監視《かんし》されてる気《き》がして、そわそわするよね。

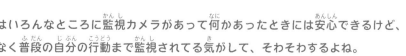

個性《こせい》を身《み》につけるには？

私《わたし》たちは他者《たしゃ》との関《かか》わりの中《なか》で自分《じぶん》になっていく。

人《ひと》と人《ひと》の間《あいだ》で

日《に》本《ほん》の倫理学者《りんりがくしゃ》の和辻哲郎《わつじてつろう》は、個人《こじん》と社会《しゃかい》の関係《かんけい》を、日本《にほん》語《ご》を手掛《てが》かりにして考《かんが》えました。

和辻《わつじ》は、「人間《にんげん》」という言葉《ことば》に、一人《ひとり》の「人《ひと》」という意味《いみ》と、人《ひと》と人《ひと》との間《あいだ》を表《あらわ》す「社会《しゃかい》」という意味《いみ》があると考《かんが》えました。そして和辻《わつじ》は、**人間《にんげん》は、社会《しゃかい》から孤立《こりつ》した存在《そんざい》ではなく人《ひと》と人《ひと》との関係《かんけい》を生《い》きる存在《そんざい》である**と考《かんが》えました。こうした人間《にんげん》のあり方《かた》を**間柄的存在《あいだがらてきそんざい》**と呼《よ》びます。

人《ひと》は、社会《しゃかい》の中《なか》で個性《こせい》を表現《ひょうげん》することで個人《こじん》になります。一《いっ》方《ぽう》で、社会《しゃかい》は他者《たしゃ》がいるからこそ成《な》り立《た》ち、ときに一人《ひとり》よがりの行動《こうどう》を抑《おさ》えるようなものです。和辻《わつじ》は、**人間《にんげん》とは、個人《こじん》でありながら社会《しゃかい》の一部《いちぶ》でなければならない存在《そんざい》である**と考《かんが》えました。こうして、個人《こじん》は、他者《たしゃ》の視線《しせん》やふるまいに触《ふ》れていく中《なか》で、自《おの》ずと正《ただ》しい行為《こうい》ができるようになるのです。

こうした和辻《わつじ》の考《かんが》え方《かた》は、個性《こせい》ある一人《ひとり》の人間《にんげん》になるために、社会《しゃかい》で自分《じぶん》のことをしっかり表現《ひょうげん》することの大切《たいせつ》さを教《おし》えてくれます。それと同時《どうじ》に、自分《じぶん》は社会《しゃかい》の中《なか》で他者《たしゃ》と結《むす》びつくことで存在《そんざい》することができるのであり、個性《こせい》の表現《ひょうげん》の仕方《しかた》を考《かんが》えるきっかけを与《あた》えてくれます。

語 **間柄《あいだがら》**
人 **和辻哲郎《わつじてつろう》**

日本《にほん》にも有名《ゆうめい》な哲学者《てつがくしゃ》がたくさんいるんだって。西田幾多郎《にしだきたろう》や鈴木大拙《すずきだいせつ》といった人《ひと》は世界《せかい》でもよく知《し》られているみたい。

全《ぜん》体《たい》主《しゅ》義《ぎ》って何《なに》？

権力《けんりょく》を使《つか》って仲間《なかま》はずれにしたり追《お》い出《だ》したりする悪《わる》い考《かんが》え方《かた》がある。

全体主義《ぜんたいしゅぎ》は人《ひと》の判断力《はんだんりょく》や感情《かんじょう》を失《うしな》わせる

周《まわ》りの意見《いけん》に合《あ》わせた経験《けいけん》はありませんか？　みんなに合《あ》わせることで安心感《あんしんかん》を得《え》たことがある人《ひと》もいるでしょう。

ドイツの哲学者《てつがくしゃ》アーレントは、権力《けんりょく》を持《も》った人《ひと》が**人種《じんしゅ》や民族《みんぞく》といったまとまりで国《くに》を作《つく》ると、違《ちが》う人種《じんしゅ》や民族《みんぞく》の人々《ひとびと》を差別《さべつ》し、排除《はいじょ》する社会《しゃかい》が生《う》まれやすくなる**と考《かんが》えました。このような社会《しゃかい》では、はじめは異《こと》なる人種《じんしゅ》や民族《みんぞく》の人々《ひとびと》の味方《みかた》をしていた人々《ひとびと》も次第《しだい》に恐怖《きょうふ》におびえ、まっとうな判断力《はんだんりょく》や感情《かんじょう》を失《うしな》ってしまいます。アーレントはこれを**全体主義《ぜんたいしゅぎ》**と呼《よ》び、第二次世界大戦中《だいにじせかいたいせんちゅう》にユダヤ人《じん》がナチスによって虐殺《ぎゃくさつ》された背景《はいけい》にある考《かんが》え方《かた》だと主張《しゅちょう》しました。

全体主義《ぜんたいしゅぎ》は、決《けっ》して過去《かこ》のことではありません。普段《ふだん》はいい人《ひと》でも、権力《けんりょく》が一部《いちぶ》の人《ひと》に偏《かたよ》った状況《じょうきょう》に置《お》かれると自分《じぶん》で判断《はんだん》する力《ちから》を失《うしな》い、取《と》り込《こ》まれてしまうことがあるのです。今《いま》みなさんが多数派《たすうは》にいたとしても、少数派《しょうすうは》がつらい目《め》にあっているかもしれないことを想像《そうぞう》する力《ちから》が大切《たいせつ》です。そのような人《ひと》が増《ふ》えることで、みなさんが少数派《しょうすうは》になる場合《ばあい》にも誰《だれ》かが救《すく》いの手《て》を差《さ》し伸《の》べてくれる機会《きかい》が増《ふ》えたり、おかしいと声《こえ》を上《あ》げる勇気《ゆうき》を奮《ふる》い立《た》たせてくれたりするかもしれないのです。

語 **全体主義《ぜんたいしゅぎ》**

人 **ハンナ・アーレント**

アーレント自身《じしん》も、ユダヤ人《じん》だったことを理由《りゆう》にドイツからアメリカへの亡命《ぼうめい》を余儀《よぎ》なくされた一人《ひとり》だったんだって。

公正《こうせい》な社会《しゃかい》とは？

どんな立場《たちば》の人《ひと》でもまともに暮《く》らせるのが公正《こうせい》な社会《しゃかい》。

わたしはたべものがなくて
いえがなくておかねもなくて…
無知《むち》のヴェール

無知《むち》のヴェールで公正《こうせい》に

つらいおもいをさせないしゃかいにしなければ

「公《こう》正《せい》な社会《しゃかい》」と聞《き》いてどんな社会《しゃかい》を想像《そうぞう》しますか？　一人一人《ひとりひとり》の能力《のうりょく》がきちんと評価《ひょうか》される社会《しゃかい》でしょうか？　あるいは弱者《じゃくしゃ》を見捨《みす》てない社会《しゃかい》でしょうか？

アメリカの哲学者《てつがくしゃ》ロールズは、人権《じんけん》や自由《じゆう》、平等《びょうどう》が保障《ほしょう》されているだけではなく、**社会《しゃかい》でもっとも恵《めぐ》まれない生活《せいかつ》をしている人々《ひとびと》が、まともに暮《く》らすことができる社会《しゃかい》が公正《こうせい》な社会《しゃかい》である**と考《かんが》えました。ロールズは、自分《じぶん》がどのような能力《のうりょく》や性格《せいかく》を持《も》っていて、どんな家庭《かてい》や社会《しゃかい》に生《い》きているのかもわからない状態《じょうたい》、つまり、**無知《むち》のヴェール**をかけた状態《じょうたい》で、理想的《りそうてき》な社会《しゃかい》を考《かんが》えてみようと言《い》います。あなたは大金持《おおがねも》ちかもしれませんし、貧《まず》しいかもしれません。あるいは子《こ》どもの世話《せわ》をしない親《おや》のもとで生《う》まれたり、貧困《ひんこん》で習《なら》い事《ごと》や学校《がっこう》に通《かよ》うことのできない家庭《かてい》で育《そだ》っているかもしれません。

ロールズは、無知《むち》のヴェールをかけ自分《じぶん》の状況《じょうきょう》がわからないときには、人《ひと》は自分《じぶん》がもっとも恵《めぐ》まれない立場《たちば》に置《お》かれたことを想像《そうぞう》して、公正《こうせい》な社会《しゃかい》を選《えら》ぶだろうと考《かんが》えました。これによって、不運《ふうん》のせいで恵《めぐ》まれない立場《たちば》にある人々《ひとびと》がまともに暮《く》らせる社会《しゃかい》を作《つく》ることが大切《たいせつ》だと考《かんが》えたのです。

語 公正《こうせい》　人 ジョン・ロールズ

裁判所《さいばんしょ》などによく置《お》いてある、正義《せいぎ》の女神《めがみ》テミス像《ぞう》も目隠《めかく》しをしているんだって。これは公正《こうせい》な判断《はんだん》をすることを表現《ひょうげん》しているんだ。

人《ひと》に認《みと》められるには？

人《ひと》はお互《たが》いに認《みと》め認《みと》められることで支《ささ》え合《あ》いながら生《い》きている。

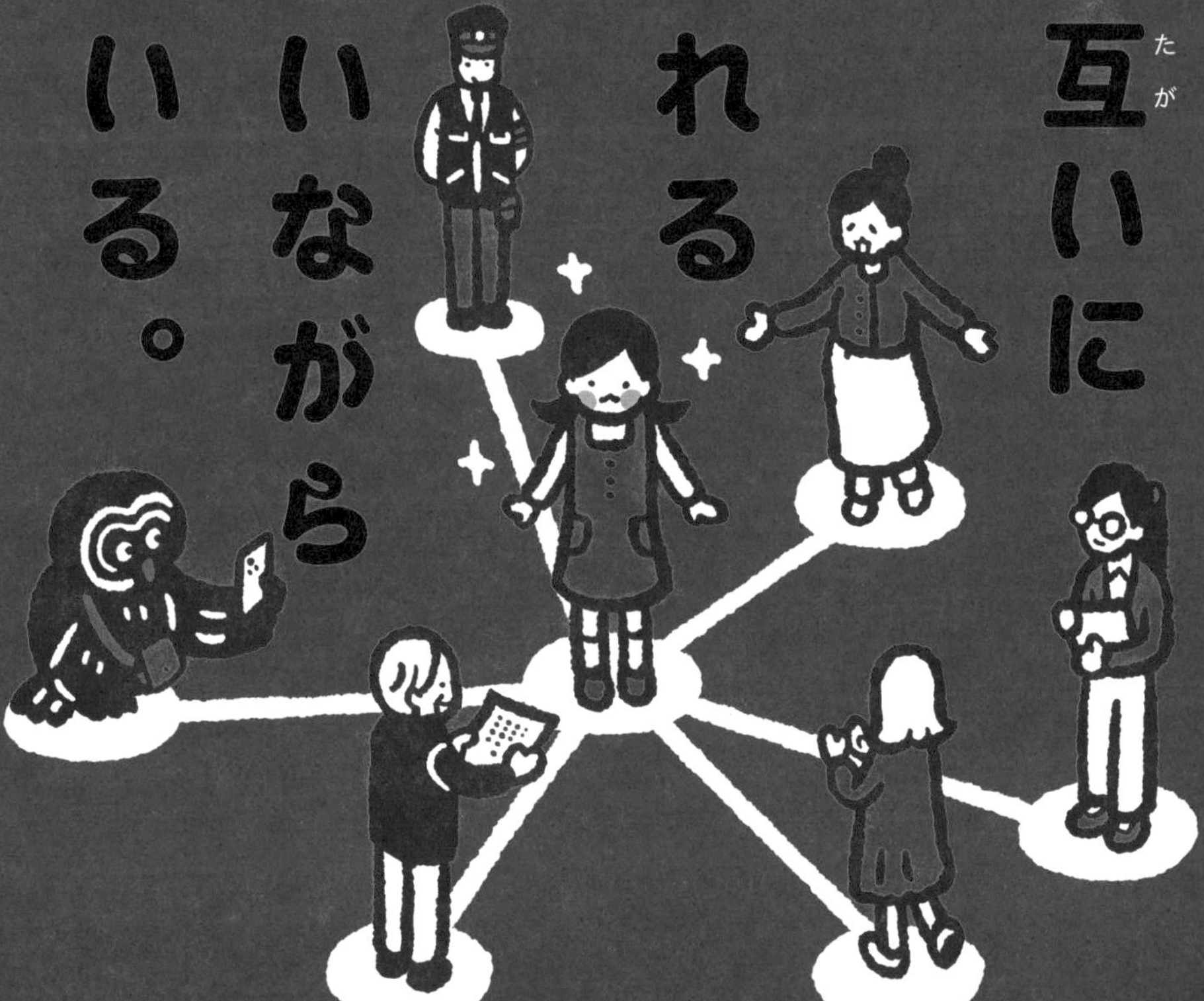

承認《しょうにん》する、承認《しょうにん》される

もっともっとたくさんのひとから
みとめられたい!

みなさんは、人《ひと》から認《みと》められていると感《かん》じていますか?
ドイツの哲学者《てつがくしゃ》ホネットは、**人《ひと》にとって、他者《たしゃ》から認《みと》められていること（承認《しょうにん》）がいかに大切《たいせつ》であるか**を論《ろん》じました。

ホネットは、3つの承認《しょうにん》のあり方《かた》を描《えが》きます。1つめは、**愛《あい》による承認《しょうにん》**です。親子関係《おやこかんけい》や友情関係《ゆうじょうかんけい》、恋愛関係《れんあいかんけい》などによって生《う》まれるもので、もっとも基本的《きほんてき》なものです。2つめは、**法《ほう》による承認《しょうにん》**です。同《おな》じ法律《ほうりつ》に従《したが》うことで、人《ひと》が相互《そうご》に公正《こうせい》な仕方《しかた》で承認《しょうにん》し合《あ》い、差別《さべつ》のない状態《じょうたい》を作《つく》り出《だ》してくれます。3つめは、**社会《しゃかい》との結《むす》びつきによる承認《しょうにん》**です。自分《じぶん》の力《ちから》を学校《がっこう》のクラスや会社《かいしゃ》で生《い》かすことで生《う》まれるものです。

ホネットは、自分《じぶん》が他者《たしゃ》から認《みと》められていないと感《かん》じたときには、人《ひと》はそのような状況《じょうきょう》を変《か》えたいと思《おも》い、**承認《しょうにん》をめぐる闘《とう》争《そう》**を行《おこな》うと言《い》いました。人《ひと》は、新《あたら》しい学校《がっこう》や新《あたら》しい会社《かいしゃ》に行《い》くと、早《はや》く安心《あんしん》できる居場所《いばしょ》がほしいと思《おも》うものです。承認《しょうにん》は、お互《たが》いが自分《じぶん》の異《こと》なる価値《かち》や考《かんが》え方《かた》を持《も》っている人《ひと》だと認《みと》め合《あ》うことで成立《せいりつ》します。そのため、自分《じぶん》を知《し》ってほしいと思《おも》うだけでなく、相手《あいて》と向《む》き合《あ》い、相手《あいて》をよく知《し》ることも大切《たいせつ》だということを忘《わす》れないようにしましょう。

語 **承認《しょうにん》**　人 **アクセル・ホネット**

ホネットは、承認《しょうにん》を受《う》けることが、なりたい自分《じぶん》になるためにも重要《じゅうよう》だと考《かんが》えたんだって。

「承認《しょうにん》」依存《いぞん》してない?
……
うーん
いまいち
「いいね」が
伸《の》びない
そうだ!
とんでるなう

第《だい》5章《しょう》

新《あたら》しい時代《じだい》を生《い》きるための哲学《てつがく》

未来《みらい》は大切《たいせつ》？

みらいは
いったい
どうなって
しまうんだ

まだ存在《そんざい》しない未来《みらい》を気《き》にかけよう。

未来への責任

核

技術《ぎじゅつ》や遺伝子《いでんし》組《く》み換《か》え技術《ぎじゅつ》などの人間《にんげん》が生《う》み出《だ》したテクノロジーや、急激《きゅうげき》な気候変動《きこうへんどう》や人口増加《じんこうぞうか》は、地球上《ちきゅうじょう》の生命《せいめい》や地球《ちきゅう》そのものを破壊《はかい》する危険性《きけんせい》を持《も》っています。こうした状況《じょうきょう》に対《たい》して、私《わたし》たちには未来《みらい》への責任《せきにん》（**未来倫理**）があると説《と》いたのが、ドイツ生《う》まれの哲学者《てつがくしゃ》ヨナスです。

ヨナスは、未来《みらい》の人々《ひとびと》を赤《あか》ん坊《ぼう》にたとえました。もし赤《あか》ん坊《ぼう》の命《いのち》が自分《じぶん》たちの手《て》にゆだねられていたとしたら、たとえ自分《じぶん》の子《こ》どもではなかったとしても、赤《あか》ん坊《ぼう》を守《まも》らなければならないと思《おも》うはずです。私《わたし》たちにとって未来世代《みらいせだい》に対《たい》する責任《せきにん》もこのようなものなのです。

ヨナスは、未来《みらい》への責任《せきにん》を果《は》たせるのは人類《じんるい》だけだと考《かんが》えました。**人類《じんるい》が存続《そんぞく》することが未来世代《みらいせだい》への責任《せきにん》を全《まっと》うするための使命《しめい》である**と言《い》うのです。たとえば、今《いま》を生《い》きる私《わたし》たちが未《み》来《らい》への責任《せきにん》を果《は》たし、100年後《ねんご》の人類《じんるい》を存続《そんぞく》させることができれば、100年後《ねんご》を生《い》きる人々《ひとびと》がさらに次《つぎ》の100年後《ねんご》の人《じん》類《るい》を存続《そんぞく》させる責任《せきにん》を果《は》たしてくれるかもしれません。

未来倫理《みらいりんり》とは、今《いま》を生《い》きる自分《じぶん》たちだけでなくまだ存在《そんざい》しない人間《にんげん》や生物《せいぶつ》、自然《しぜん》について考《かんが》えることを求《もと》めるものなのです。

語 **未来倫理《みらいりんり》**

人 **ハンス・ヨナス**

でも、人類《じんるい》が存続《そんぞく》してきたからこそ、地球《ちきゅう》が壊《こわ》れそうになってもいるんだよね。人間《にんげん》が存在《そんざい》しない未来《みらい》もあるんじゃないかな。

今《いま》ってどんな時代《じだい》？

むかしといまはなにがちがう？

みんなが信《しん》じていた人類《じんるい》の進歩《しんぽ》という考《かんが》え方《かた》は終《お》わった？

近代のあとの時代

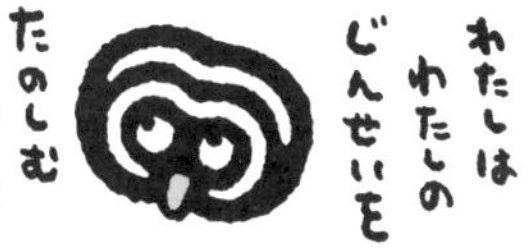

ポストモダンという言葉《ことば》を聞《き》いたことがありますか。**ポストモダンとは「近代《きんだい》（モダン）」の「あと（ポスト）」という意《い》味《み》**です。これまでの世界《せかい》では、学問《がくもん》や科学《かがく》が発達《はったつ》し、文化《ぶんか》や経《けい》済《ざい》が発展《はってん》することで人々《ひとびと》がみな幸《しあわ》せになり、社会《しゃかい》がよりよいものになると信《しん》じられていました。フランスの哲学者《てつがくしゃ》リオタールは、これを大きな物語と名《な》づけました。

しかし、実際《じっさい》には、科学技術《かがくぎじゅつ》の問題《もんだい》や気候変動《きこうへんどう》が明《あき》らかになったり、インターネットの発達《はったつ》やグローバル化《か》で時《とき》には対立《たいりつ》しあう価値観《かちかん》や考《かんが》え方《かた》が現《あらわ》れたりして、**みなが大《おお》きな物語《ものがたり》を信《しん》じることのできる時代《じだい》ではなくなりました。**リオタールは、大《おお》きな物語《ものがたり》が信頼《しんらい》を失《うしな》った状況《じょうきょう》がポストモダンの特徴《とくちょう》だと考《かんが》えました。そして、ポストモダンの社会《しゃかい》では、人々《ひとびと》がさまざまな文化《ぶんか》や価値観《かちかん》（小さな物語）を認《みと》め合《あ》い、共存《きょうそん》すべきだと説《と》きました。

ポストモダンの状況《じょうきょう》は、さまざまな文化《ぶんか》や価値観《かちかん》が認《みと》められるようになった一方《いっぽう》で、人々《ひとびと》の間《あいだ》で確信《かくしん》できるものがなくなったために、不安定《ふあんてい》な社会《しゃかい》を生《う》み出《だ》しています。そのため今《いま》は、ポストモダンの後《あと》のあるべき世界《せかい》を考《かんが》えていく必要《ひつよう》が叫《さけ》ばれています。

ポストモダン　**ジャン・フランソワ・リオタール**

「ポストモダン」はもともと建築用語《けんちくようご》だったんだけど、リオタールがこの言葉《ことば》を使《つか》い始《はじ》めて、哲学用語《てつがくようご》として広《ひろ》まったんだって。

ものを作《つく》るためには？

感情《かんじょう》と知性《ちせい》を組《く》み合《あ》わせて新《あたら》しいものを作《つく》り出《だ》そう。

新しいものの作り方

家を建《た》てることを想像《そうぞう》してみましょう。きちんと設計《せっけい》され、人《ひと》の行動《こうどう》に合《あ》った家《いえ》がいいと思《おも》うでしょう。また、自分《じぶん》の趣味《しゅみ》やこだわりを大切《たいせつ》にしたいと考《かんが》える人《ひと》も多《おお》いでしょう。

日本《にほん》の哲学者《てつがくしゃ》の三木清《みききよし》は、**新《あたら》しいものを作《つく》り出《だ》す力《ちから》**を構想力と呼《よ》びました。一見《いっけん》、人《ひと》は何《なに》もないところからモノ（形）を生《う》み出《だ》しているように見《み》えます。しかし、三木《みき》は人《ひと》は何《なに》かを作《つく》るとき、**モノに働《はたら》きかけながら、同時《どうじ》にモノから刺激《しげき》を受《う》けて、新《あたら》しいものを作《つく》ろうとする衝動《しょうどう》（パトス）を持《も》つようになる**と考《かんが》えました。三木《みき》はパトスが、考《かんが》える力《ちから》や知性《ちせい》（ロゴス）と結《むす》びつくことで、その人《ひと》らしいモノを生《う》み出《だ》せると考《かんが》えました。

三木《みき》によれば、構想力《こうそうりょく》は社会《しゃかい》の文化《ぶんか》や文明《ぶんめい》、歴史《れきし》といったものも作《つく》り出《だ》します。最初《さいしょ》、三木《みき》は構想力《こうそうりょく》を持《も》つのは人間《にんげん》だけだと考《かんが》えていましたが、やがて自然《しぜん》にも新《あたら》しいものを生《う》み出《だ》したり、変化《へんか》していったりする構想力《こうそうりょく》があると考《かんが》えるようになりました。

三木《みき》の哲学《てつがく》は、私《わたし》たちに自己《じこ》や個性《こせい》の表現《ひょうげん》としての新《あら》たな歴《れき》史《し》に関《かか》わる楽《たの》しさを教《おし》えてくれます。ロゴスとパトスを働《はたら》かせて歴史《れきし》を切《き》り開《ひら》けると思《おも》うと、わくわくしますね。

語 **構想力《こうそうりょく》**
人 **三木清《みききよし》**

三木《みき》は戦時中《せんじちゅう》、逃走《とうそう》していた友人《ゆうじん》をかくまったことで、自《みずか》らも捕《つか》まり、獄中《ごくちゅう》で亡《な》くなってしまったんだって。

動物《どうぶつ》にも権利《けんり》がある？

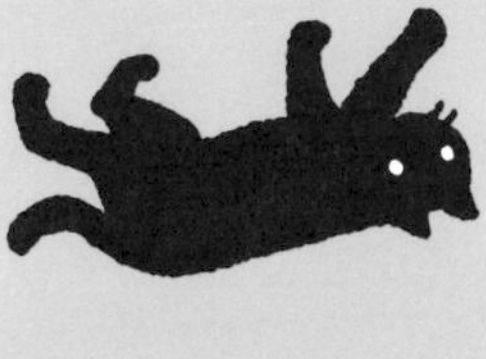

動物《どうぶつ》にも苦痛《くつう》を
感《かん》じる力《ちから》がある。
幸《こう》や不幸《ふこう》は
人間《にんげん》と同《おな》じように
考《かんが》えるべきだ。

人間だけ特別はおかしい

肉を食《た》べるのは好《す》きですか？　私《わたし》たちは食用《しょくよう》に作《つく》られた肉《にく》を食《た》べることがほとんどです。

オーストラリア出身《しゅっしん》の哲学者《てつがくしゃ》シンガーは、人《ひと》が好《す》き勝手《かって》に動物《どうぶつ》を家畜《かちく》にして食用《しょくよう》の肉《にく》を作《つく》ったり、動物実験《どうぶつじっけん》をしたりすることに反対《はんたい》して動物の権利を主張《しゅちょう》しました。

シンガーは、動物《どうぶつ》も人間《にんげん》と同《おな》じように苦痛《くつう》を感《かん》じるため、**人間《にんげん》が苦痛《くつう》を避《さ》けたいと思《おも》うのと同《おな》じように、動物《どうぶつ》に苦痛《くつう》を与《あた》えたり、殺《ころ》したりすべきではないと考《かんが》えました。**シンガーは、こうした考《かんが》えから、食用《しょくよう》に作《つく》られた肉《にく》を食《た》べないベジタリアンとして生活《せいかつ》しています。

シンガーは、「動物《どうぶつ》だから」という理由《りゆう》で動物《どうぶつ》を不当《ふとう》に扱《あつか》うことを種差別と呼《よ》びました。配慮《はいりょ》は、人間《にんげん》に限《かぎ》らず、快楽《かいらく》と苦痛《くつう》を感《かん》じることができるすべての生《い》き物《もの》に向《む》けられるべきだというのです。シンガーの哲学《てつがく》と行動《こうどう》は、多《おお》くの人《ひと》に影響《えいきょう》を与《あた》え、世界中《せかいじゅう》に彼《かれ》の賛同者《さんどうしゃ》がいます。

なぜ私《わたし》たちは他《ほか》の動物《どうぶつ》の肉《にく》を食《た》べていいのか、なぜ私《わたし》たちは他《ほか》の動物《どうぶつ》を使《つか》って実験《じっけん》するのか、なぜそれを人間《にんげん》ではしないのか。こうした問題《もんだい》をシンガーは私《わたし》たちに問《と》いかけてくるのです。

権　動物《どうぶつ》の権利《けんり》　人　ピーター・シンガー

シンガーは「動物解放《どうぶつかいほう》の父《ちち》」と呼《よ》ばれているんだって。

ケイパビリティって何《なに》？

よい
かんきょう
があれば
ちからは
どんどん
のばせる

自分《じぶん》の将来《しょうらい》を実現《じつげん》するための力《ちから》をつけられる環境《かんきょう》が大切《たいせつ》だ。

財《ざい》
自由《じゆう》
ケイパビリティ
?
与《あた》えられても使《つか》えないと意味《いみ》がナイ

秘められた力を発揮する

多くの人《ひと》は、自分《じぶん》の人生《じんせい》を自由《じゆう》に追《お》い求《もと》めることができるのが大切《たいせつ》だと考《かんが》えているでしょう。しかし、世界《せかい》にはそうした状態《じょうたい》でない社会《しゃかい》がたくさんあります。

インド出身《しゅっしん》の哲学者《てつがくしゃ》で経済学者《けいざいがくしゃ》のセンやアメリカの哲学者《てつがくしゃ》ヌスバウムは、**人生《じんせい》を自由《じゆう》に選択《せんたく》するとともに、望《のぞ》む人生《じんせい》を実現《じつげん》するために自分《じぶん》の秘《ひ》められた力《ちから》（ケイパビリティ）を開花《かいか》させることが大切《たいせつ》だ**と考《かんが》えました。これは、ケイパビリティ・アプローチと呼《よ》ばれています。

たとえば、貧《まず》しくて学校《がっこう》に通《かよ》えない子《こ》どもがいた場合《ばあい》、教育《きょういく》を受《う》ける権利《けんり》を与《あた》えたり、学校《がっこう》を増《ふ》やしたり、学習内容《がくしゅうないよう》のレベルを高《たか》めたりしても、その子《こ》は、そもそも学校《がっこう》に通《かよ》うことができません。だからといって、経済的《けいざいてき》な支援《しえん》だけでは不十分《ふじゅうぶん》です。その子《こ》が行《い》きたいと思《おも》う学校《がっこう》がなければ、支援《しえん》は無意味《むいみ》になってしまいかねません。ここではその子《こ》どもにふさわしい選択肢《せんたくし》とそのための環境《かんきょう》づくりが必要《ひつよう》になるのです。

このようにケイパビリティ・アプローチは個人《こじん》の好《す》きなことや能力《のうりょく》、それを実現《じつげん》するための環境《かんきょう》などを踏《ふ》まえ、その人《ひと》が本当《ほんとう》に必要《ひつよう》とする支援《しえん》を考《かんが》えるものなのです。

語 **ケイパビリティ・アプローチ**

人 **アマルティア・セン**
マーサ・ヌスバウム

経済学者《けいざいがくしゃ》としても有名《ゆうめい》なセンはノーベル経済学賞《けいざいがくしょう》を取《と》ったんだって。

差別《さべつ》はなぜいけないの？

偏見《へんけん》や思《おも》い込《こ》みのせいで自分《じぶん》の話《はなし》を無視《むし》されたり、わかってもらえないことがある。

お互いの経験を認め合う

イギリス出身《しゅっしん》の哲学者《てつがくしゃ》フリッカーは、**人種《じんしゅ》や性別《せいべつ》、国籍《こくせき》などへの偏見《へんけん》や思《おも》い込《こ》みで、マイノリティ（少数側《しょうすうがわ》）の人《ひと》が自分《じぶん》の話《はなし》を無視《むし》されたり、経験《けいけん》を理解《りかい》してもらえなかったりすることを**認識の不正義**と呼《よ》びました。**

認識《にんしき》の不正義《ふせいぎ》は日本《にほん》にもあります。たとえば、日本《にほん》には、外《がい》国《こく》にルーツを持《も》つ人《ひと》や外国人労働者《がいこくじんろうどうしゃ》がたくさん暮《く》らしています。彼《かれ》らは、外国人《がいこくじん》だという理由《りゆう》で、低賃金《ていちんぎん》で不安定《ふあんてい》な雇用契《こようけい》約《やく》で働《はたら》かされていたり、アパートを借《か》りられなかったり、自分《じぶん》たちの訴《うった》えを聞《き》いてもらえなかったりすることがあります。また、性的《せいてき》マイノリティの人《ひと》の中《なか》にも、差別《さべつ》の目《め》で見《み》られたり、結婚《けっこん》やパートナー関係《かんけい》を自由《じゆう》に結《むす》べなかったり、日々《ひび》の暮《く》らしでさまざまな差別《さべつ》を受《う》けている人《ひと》がいます。

認識《にんしき》の不正義《ふせいぎ》は私《わたし》たち一人一人《ひとりひとり》の問題《もんだい》とも言《い》えるでしょう。フリッカーは、認識《にんしき》の不正義《ふせいぎ》をなくすために、日々《ひび》の生活《せいかつ》における当《あ》たり前《まえ》を見《み》つめ直《なお》せる態度《たいど》を持《も》つことの大切《たいせつ》さを訴《うった》えました。一人一人《ひとりひとり》が自分《じぶん》の偏見《へんけん》や思《おも》い込《こ》みから少《すこ》しでも自由《じゆう》になるためにも、他者《たしゃ》が語《かた》る言葉《ことば》に耳《みみ》を傾《かたむ》け、向《む》き合《あ》うことが求《もと》められているのです。

認識《にんしき》の不正義《ふせいぎ》

人 **ミランダ・フリッカー**

認識《にんしき》の不正義《ふせいぎ》を乗《の》り越《こ》えるためには、「何《なに》かおかしい」「嫌《いや》な目《め》に遭《あ》っている」と思《おも》ったことを問《と》い、反対《はんたい》していくことが重要《じゅうよう》なんだって。

生徒会長選挙《せいとかいちょうせんきょ》
カッコイイ
リーダーっぽい
声《こえ》が小《ちい》さい
ちょっと早口《はやくち》
フクロウ…
フクロウ…
バイアスかかってない？

主な参考文献

『岩波哲学・思想事典』（岩波書店）
『よくわかる哲学・思想』（ミネルヴァ書房）
『倫理学入門』（中央公論新社）
『哲学用語図鑑』（プレジデント社）
『続・哲学用語図鑑』（プレジデント社）　ほか

さくいん

イラスト学問図鑑 シリーズについて

世界《せかい》はいつも変化《へんか》しています。新《あたら》しい科学技術《かがくぎじゅつ》の発明《はつめい》は私《わたし》たちの生活《せいかつ》を豊《ゆた》かにし、新《あたら》しい芸術《げいじゅつ》や思想《しそう》の発展《はってん》は私《わたし》たちの心《こころ》を豊《ゆた》かにしてくれます。しかし、今《いま》は、みんなが信《しん》じられる〝何《なに》か〟を見《み》つけることが難《むずか》しい時代《じだい》になりました。また、人《ひと》びとの間《あいだ》で格差《かくさ》が広《ひろ》がったり、埋《う》められない考《かんが》え方《かた》の違《ちが》いが生《う》まれたりすることで、争《あらそ》いが絶《た》えない状態《じょうたい》でもあります。

こうした世界《せかい》の進歩《しんぽ》と課題《かだい》に向《む》き合《あ》い、私《わたし》たちの生活《せいかつ》を少《すこ》しでもよくすることを目指《めざ》しているのが学問《がくもん》です。

「イラスト学問図鑑《がくもんずかん》」シリーズは、そんな学問《がくもん》を子《こ》どもから大人《おとな》まで、みんなが教養《きょうよう》として楽《たの》しみ、日々《ひび》の生活《せいかつ》のちょっとしたヒントにしてもらうことを願《ねが》って企画《きかく》されました。学問《がくもん》というと、研究者《けんきゅうしゃ》たちが大学《だいがく》で取《と》り組《く》んでいる〝難《むずか》しいもの〟と感《かん》じる人《ひと》も多《おお》くいるかもしれません。しかし、「イラスト学問図鑑《がくもんずかん》」は文字通《もじどお》りイラストとわかりやすい文章《ぶんしょう》で、誰《だれ》でも学問《がくもん》に入門《にゅうもん》できるように工夫《くふう》しています。

読者《どくしゃ》のみなさんの中《なか》には、まだ大学《だいがく》に入《はい》る前《まえ》の人《ひと》もいるでしょう。そんなみなさんには、小学校《しょうがっこう》や中学校《ちゅうがっこう》、高校《こうこう》での勉強《べんきょう》が、将来《しょうらい》、学問《がくもん》を学《まな》び、活用《かつよう》するために生《い》きることを想像《そうぞう》しながら本《ほん》を楽《たの》しんでもらえるとうれしく思《おも》います。学問《がくもん》を知《し》ることが、「なんで学校《がっこう》に行《い》くんだろう?」「勉強《べんきょう》なんて何《なん》の役《やく》に立《た》つんだろう?」、そう思《おも》ったことがある人《ひと》への1つの答《こた》えになるはずです。

また、大学生《だいがくせい》や大人《おとな》の読者《どくしゃ》の方《かた》もいるでしょう。そんなみなさんには、知的《ちてき》なことを知《し》る喜《よろこ》びを体験《たいけん》し、明日《あした》からの生活《せいかつ》に学問《がくもん》を生《い》かしてもらえるとうれしく思《おも》います。本書《ほんしょ》で学《まな》んだ学《がく》問《もん》には生活《せいかつ》に直結《ちょっけつ》しづらいものもあるかもしれません。しかし、「生活《せいかつ》に生《い》かす」とは、必《かなら》ずしも生活《せいかつ》を便利《べんり》にすることだけではありません。学問《がくもん》を学《まな》ぶことで教養《きょうよう》が深《ふか》まり、それが心《こころ》を豊《ゆた》かにしたり、人《ひと》との会話《かいわ》に奥行《おくゆ》きを与《あた》えたりしてくれるはずです。

学問《がくもん》に興味《きょうみ》を持《も》ったすべての人《ひと》が、本書《ほんしょ》を通《とお》して希望《きぼう》と夢《ゆめ》を持《も》ち、人生《じんせい》にわくわくできるようになることを願《ねが》っています。

――君《きみ》が求《もと》めるものはここにある *(quod petis hic est)*

編集部《へんしゅうぶ》

KODOMO PHILOSOPHY

監修《かんしゅう》

佐藤邦政

さとうくにまさ

茨城大学大学院教育学研究科、教育学部助教。博士（文学）。専門は認識的不正義と変容的経験論。

イラスト

モドロカ

大阪生まれ、和歌山在住。イラスト・デザインを手掛けた書籍に『世界がぐっと近くなるSDGsとボクらをつなぐ本』（Gakken）など。

イラスト学問図鑑《がくもんずかん》

こども哲学《てつがく》

2024年　3月　4日　第1刷発行

監修…佐藤邦政《さとうくにまさ》

編……講談社

イラスト・デザイン…モドロカ

編集協力…佐藤邦政（P2-3、6-7、92-93）、小道舎

発行者…森田浩章

発行所…KODANSHA

株式会社講談社

〒112-8001 東京都文京区音羽2-12-21

電話　編集 03-5395-3536
　　　販売 03-5395-3625
　　　業務 03-5395-3615

印刷所…株式会社KPSプロダクツ

製本所…大口製本印刷株式会社

データ制作…マイム

定価はカバーに表示してあります。落丁本・乱丁本は、購入書店名を明記のうえ、小社業務あてにお送りください。送料小社負担にてお取り替えいたします。なお、この本についてのお問い合わせは、青い鳥文庫編集あてにお願いいたします。本書のコピー、スキャン、デジタル化等の無断複製は著作権法上での例外を除き禁じられています。本書を代行業者等の第三者に依頼してスキャンやデジタル化することはたとえ個人や家庭内の利用でも著作権法違反です。

本書は書き下ろしです。　N.D.C. 100 99p 21cm　©Kodansha　2024　Printed in Japan　ISBN 978-4-06-534659-4